Learn English with Spanish:

High-Beginner English Conversation lessons for Spanish Speakers

(with Translations)

1

Table of Contents

Introduction to the Book

Welcome to this book designed to help you expand your knowledge of English. My goal is to help you speak and write more fluently.

Let's face it, English can be difficult to master, even for the best students. In this book, you'll find dialogues that are ideal for high-beginners.

The best way to learn new vocabulary is in context. Be sure to do the following:

- Review frequently.

- Try to use some of the phrases and expressions in real life.

- Don't be nervous about making mistakes. That's how you'll get better at any language!

- Consider studying with a friend so you can help each other stay motivated.

- Use a notebook and write down new words, idioms, expressions, etc. that you run across. Review frequently so that they stay fresh in your mind.

- Be sure to answer the questions at the end of each dialogue. I recommend trying to do this from memory. No peeking!

- I recommend doing one conversation a day. This will be more beneficial than finishing the entire book in a week.

Good luck and I wish you well on your journey to becoming more proficient with English.

About the Author: Jackie Bolen

I taught English in South Korea for 10 years to every level and type of student. I've taught every age from kindergarten kids to adults. Most of my time has centered around teaching at two universities: five years at a science and engineering school and four years at a major university in Busan. In my spare time, you can usually find me outside surfing, biking, hiking, or snowshoeing. I now live in Vancouver, Canada.

In case you were wondering what my academic qualifications are, I hold a Master of Arts in Psychology. During my time in Korea, I completed both the Cambridge CELTA and DELTA certification programs. With the combination of almost ten years teaching ESL/EFL learners of all ages and levels, and the more formal teaching qualifications I've obtained, I have a solid foundation on which to offer advice to English learners.

I truly hope that you find this book useful. I would love it if you sent me an email with any questions or feedback that you might have.

YouTube: www.youtube.com/c/jackiebolen

Pinterest: www.pinterest.ca/eslspeaking

Email: jb.business.online@gmail.com

You might also be interested in these books: 1001 English Expressions and Phrases, or 1005 ESL Conversation Questions. You can find them wherever you like to buy books.

This page intentionally left blank.

#1: Asking for a Recommendation

Cara is asking for a recommendation from her waitress.

Waitress: So what do you have planned for today?

Cara: We're not sure yet. Do you have any recommendations?

Waitress: Yes! I'd recommend checking out the Gold Museum.

Cara: Lots of people have mentioned that. How can I get there?

Waitress: It's not far. Take an Uber. Or, I'm sure there's a bus. Look on Google Maps. It'll tell you.

Cara: Great. Thanks for your help. I appreciate it.

Waitress: No problem at all. I hope that you enjoy your trip to Colombia.

Check your Understanding

1. Does Cara live in Colombia?

2. Where does the waitress recommend going?

3. How can you get there?

4. Where can Cara get information about bus routes from?

Answers

1. No, she doesn't.

2. She recommends going to the Gold Museum.

3. You can take a taxi, and there's probably a bus that goes there.

4. She can look on Google Maps.

Cara le pide una recomendación a su camarera.

Camarera: ¿Qué tienen planeado para hoy?

Cara: Aún no estamos seguros. ¿Tienes alguna recomendación?

Camarera: ¡Sí! Les recomiendo visitar el Museo del Oro.

Cara: Mucha gente lo ha mencionado. ¿Cómo puedo llegar?

Camarera: No está lejos. Toma un Uber. O seguro hay un autobús. Busca en Google Maps. Te lo dirá.

Cara: Genial. Gracias por tu ayuda. Te lo agradezco.

Camarera: De nada. Espero que disfruten de su viaje a Colombia.

Comprueba tu comprensión

1. ¿Cara vive en Colombia?

2. ¿Adónde recomienda ir la camarera?

3. ¿Cómo puede llegar al Museo del Oro?

4. ¿De dónde puede sacar Cara información sobre las líneas de autobús?

Respuestas

1. No.

2. Recomienda ir al Museo del Oro.

3. Puede tomar un Uber y probablemente haya un autobús que vaya hasta allí.

4. Puede buscar en Google Maps.

#2: Sorry, I'm Late

Emma is calling Bob to tell him that she'll be late.

Emma: Hey, Bob. Sorry, but I'm going to be late. There's lots of traffic today.

Bob: Oh. How late will you be?

Emma: 5-10 minutes, I think.

Bob: Okay. No problem. Don't rush. I'll just enjoy my coffee.

Emma: Thank you.

Check your Understanding

1. Why is Emma going to be late?
2. Is Bob angry?
3. How late is Emma going to be?
4. Where are they meeting?

Answers

1. She's going to be late because there's lots of traffic.
2. No, not at all.
3. She'll be 5-10 minutes late.
4. They're likely meeting at a coffee shop.

Emma llama a Bob para decirle que llegará tarde.

Emma: Hola, Bob. Lo siento, pero voy a llegar tarde. Hoy hay mucho tráfico.

Bob: Oh. ¿Cuánto vas a tardar?

Emma: De 5 a 10 minutos, creo.

Bob: Está bien. No hay problema. No tengas prisa. Disfrutaré de mi café.

Emma: Gracias.

Comprueba tu comprensión

1. ¿Por qué Emma va a llegar tarde?

2. ¿Está Bob molesto?

3. ¿Cuán tarde va a llegar Emma?

4. ¿En dónde se van a reunir?

Respuestas

1. Ella va a llegar tarde porque hay mucho tráfico.

2. No, en absoluto.

3. Ella llegará entre 5 y 10 minutos tarde.

4. Es probable que se reúnan en una cafetería.

#3: Can You Take Me to the Doctor?

Carrie is asking Tim to take her to the doctor.

Carrie: Hi Tim, do you mind taking me to the doctor? I have to get something done with my eye and I can't drive afterwards.

Tim: Oh sure, no problem. When's your appointment?

Carrie: Tomorrow at 9:30.

Tim: Okay. I'lll pick you up around 9:00?

Carrie: Sounds good. Thanks for your help.

Tim: It's no problem at all.

Check your Understanding

1. Why does Carrie need Tim to take her to the doctor?
2. How far away does Carrie live from the doctor's office?
3. Is Tim annoyed at having to help her?

Answers

1. She needs him to take her because she won't be able to drive after the appointment.
2. She lives less than 30 minutes away.
3. Not at all.

Carrie le pide a Tim que la lleve al médico.

Carrie: Hola Tim, ¿te importaría llevarme al médico? Tengo que hacerme algo en el ojo y no puedo conducir después de eso.

Tim: Claro, no hay problema. ¿Cuándo es tu cita?

Carrie: Mañana a las 9:30.

Tim: Está bien. ¿Te recojo alrededor de las 9:00?

Carrie: Me parece bien. Gracias por tu ayuda.

Tim: No hay ningún problema.

Comprueba tu comprensión

1. ¿Por qué Carrie necesita que Tim la lleve al médico?

2. ¿Qué tan lejos vive Carrie del consultorio del médico?

3. ¿Tim está molesto por tener que ayudarla?

Respuestas

1. Ella necesita que la lleve porque no podrá conducir después de la cita.

2. Vive a menos de 30 minutos de distancia.

3. En absoluto.

#4: Where's my Package?

Sam is trying to find a missing package.

Sam: Hi, it says that my package was delivered this afternoon but I don't see it outside my door.

Delivery driver: Let me check. What's your tracking number?

Sam: Umm . . . 103239082.

Delivery driver: Okay. You weren't home when I came by. You can find it at the post office down the street after 6:00 tonight. Do you see a delivery notice paper in your mailbox?

Sam: Oh. There it is. I got it. Thanks for your help.

Delivery driver: Sure. You can pick it up today after 6:00.

Sam: Yes, thanks. I will.

Check Your Understanding

1. Why is Sam calling?

2. Where is the package now?

3. Where can Sam get her package after 6:00?

Answers

1. She's calling because she wants to know where her package is.

2. The package is probably on the delivery truck now. It will be at the post office at 6:00.

3. She can get the package at the post office.

Sam intenta encontrar un paquete perdido.

Sam: Hola, dice que mi paquete ha sido entregado esta tarde, pero no lo veo en mi puerta.

Repartidor: Déjeme comprobarlo. ¿Cuál es su número de seguimiento?

Sam: Umm. . . 103239082.

Repartidor: Bien. No estabas en casa cuando fui. Puedes encontrarlo en la oficina de correos, calle abajo, después de las 6:00 de esta noche. ¿Ves un papel de aviso de entrega en tu buzón?

Sam: Oh. Ahí está. Ya lo tengo. Gracias por tu ayuda.

Repartidor: Claro. Puedes recogerlo hoy después de las 6:00.

Sam: Sí, gracias. Lo recogeré.

Comprueba tu comprensión

1. ¿Por qué Sam está llamando?

2. ¿Dónde está ahora el paquete?

3. ¿Dónde puede Sam recoger su paquete después de las 6:00?

Respuestas

1. Ella está llamando porque quiere saber dónde está su paquete.

2. El paquete está probablemente ahora en el camión de reparto. Estará en la oficina de correos a las 6:00.

3. Ella puede recoger el paquete en la oficina de correos.

#5: Asking for a Ride

Tommy is asking his mom for a ride.

Tommy: Mom, can I have a ride to Tim's house?

Mom: Sure, but clean your room first. Then I'll take you.

Tommy: Mom, it's a waste of time. It will be messy again tomorrow.

Mom: It doesn't have to be!

Tommy: I already told Tim I'd be there in 10 minutes.

Mom: Well, text him and tell him that you have to clean your room first.

Tommy: Let's just go now.

Mom: After you clean your room. And I think you forgot to say thank you for giving you a ride.

Check your Understanding

1. Where does Tommy want to go?
2. What does he have to do before his mom gives him a ride?
3. How does Tommy feel?
4. How does his mom feel?

Answers

1. He wants to go to his friend's house.
2. He has to clean his room.
3. He feels annoyed that his mom is making him clean his room.
4. She feels annoyed at Tommy's messy room and also that he didn't say thank you.

Tommy le pide a su madre que lo lleve.

Tommy: Mamá, ¿me llevas a casa de Tim?

Mamá: Claro, pero primero limpia tu cuarto. Luego te llevaré.

Tommy: Mamá, es una pérdida de tiempo. Mañana volverá a estar desordenada.

Mamá: ¡No tiene por qué!

Tommy: Ya le dije a Tim que estaría allí en 10 minutos.

Mamá: Bueno, mándale un mensaje y dile que primero tienes que limpiar tu habitación.

Tommy: Vámonos ya.

Mamá: Después de que limpies tu habitación. Y creo que olvidaste dar las gracias por llevarte.

Comprueba tu comprensión

1. ¿Adónde quiere ir Tommy?
2. ¿Qué tiene que hacer para que su madre lo lleve?
3. ¿Cómo se siente Tommy?
4. ¿Cómo se siente su madre?

Respuestas

1. Él quiere ir a casa de su amigo.
2. Él tiene que limpiar su habitación.
3. Él se siente molesto que su mamá lo obligue a limpiar su habitación.
4. Ella se siente molesta por el desorden de la habitación de Tommy y porque tampoco dijo gracias.

#6: Thanks for Your Help

Tim is thanking Carrie for her help.

Tim: Carrie, I really appreciate your help with that assignment.

Carrie: No problem, it was a tough one.

Tim: Yeah, I just couldn't figure it out.

Carrie: It took me a while too. Anyway, I'm always happy to help a friend out.

Tim: I'm thankful to have you in this class with me. I've always been terrible at math.

Carrie: You're not terrible. But, I think you need to pay attention during class and not text your girlfriend the whole time!

Check your Understanding

1. Who needed help with the math assignment?

2. How do Tim and Carrie know each other?

3. Is Tim terrible at math?

4. Why doesn't Tim pay attention in class?

Answers

1. Tim needed help.

2. They are taking a math class together. But, maybe they were friends before the class. It's unclear.

3. Carrie doesn't think Tim is terrible at math. He doesn't understand because he doesn't pay attention in class.

4. He doesn't pay attention because he's texting his girlfriend.

Tim le agradece a Carrie su ayuda.

Tim: Carrie, te agradezco mucho tu ayuda con esa tarea.

Carrie: No hay problema, estaba difícil.

Tim: Sí, no conseguía resolverla.

Carrie: A mí también me llevó un rato. De todos modos, siempre me alegra ayudar a un amigo.

Tim: Estoy agradecido de tenerte en esta clase conmigo. Siempre he sido terrible en matemáticas.

Carrie: No eres terrible. Pero, ¡creo que deberías prestar atención en clase y no mandarle mensajes a tu novia todo el tiempo!

Comprueba tu comprensión

1. ¿Quién necesitaba ayuda con la tarea de matemáticas?

2. ¿Cómo se conocen Tim y Carrie?

3. ¿Tim es terrible en matemáticas?

4. ¿Por qué Tim no presta atención en clase?

Respuestas

1. Tim necesitaba ayuda.

2. Están juntos en clase de matemáticas. Pero, tal vez eran amigos antes de la clase. No está claro.

3. Carrie no cree que Tim sea terrible en matemáticas. Él no entiende porque no presta atención en clase.

4. Él no presta atención porque está enviándole mensajes a su novia

#7: Exchanging Money

Tom wants to exchange some money at the airport.

Tom: Can I please exchange some money?

Clerk: Sure, how much and which currency?

Tom: I'd like to get Euros, please. €500.

Clerk: Okay. Can you please show me your passport?

Tom: Sure.

Clerk: Would you like a mix of big and small bills?

Tom: Yes, please.

Clerk: Please sign here.

Tom: Okay.

Clerk: Here's your money. Please count it out in front of me.

Check your Understanding

1. How much money does Tom want?

2. Is he getting all €100 bills?

3. Why does Tom have to count the money?

Answers

1. He wants 500 Euros.

2. No, he isn't.

3. He has to make sure it's correct.

Tom quiere cambiar dinero en el aeropuerto.

Tom: ¿Puedo cambiar dinero, por favor?

Empleado: Claro, ¿cuánto y en qué moneda?

Tom: Quisiera euros, por favor. 500.

Empleado: De acuerdo. ¿Puede enseñarme su pasaporte, por favor?

Tom: Claro.

Empleado: ¿Le gustaría una mezcla de billetes grandes y pequeños?

Tom: Sí, por favor.

Empleado: Por favor, firme aquí.

Tom: De acuerdo.

Empleado: Aquí está su dinero. Por favor, cuéntelo delante de mí.

Comprueba tu comprensión

1. ¿Cuánto dinero quiere Tom?

2. ¿Va a recibir todo en billetes grandes?

3. ¿Por qué Tom tiene que contar el dinero?

Respuestas

1. Él quiere 500 Euros.

2. No, no lo hará.

3. Tiene que asegurarse de que esté bien.

#8: Small Talk

Ted and Ethan are catching up after not seeing each other for a while.

Ted: Long time, no talk Ethan. What's up?

Ethan: I know, right? It's probably been at least six months.

Ted: Too long.

Ethan: Well, I just started a new job and it's going pretty well.

Ted: Oh wow. Congratulations.

Ethan: Yeah. It's good. What's up with you?

Ted: Same old, same old. Work is super busy these days and they don't want to hire more people because they're too cheap.

Ethan: Sounds tough.

Ted: I'll survive. Just barely though.

Check Your Understanding

1. How long has it been since they talked?
2. Who just started a new job?
3. Why isn't Ted's company hiring new people?
4. Do you think they are good friends?

Answers

1. It has been at least six months.
2. Ethan started a new job.
3. They aren't hiring because they are cheap.
4. Probably not. They don't talk a lot.

Ted y Ethan se ponen al día después de no verse por un tiempo.

Ted: Mucho tiempo sin hablar Ethan. ¿Qué hay de nuevo?

Ethan: Lo sé, ¿verdad? Probablemente han pasado al menos seis meses.

Ted: Demasiado tiempo.

Ethan: Bueno, acabo de empezar un trabajo nuevo y me va bastante bien.

Ted: Oh, vaya. Felicidades.

Ethan: Sí. Está bien. ¿Qué hay de nuevo contigo?

Ted: Lo mismo de siempre. El trabajo está súper ocupado estos días y no quieren contratar a más gente porque son demasiado tacaños.

Ethan: Suena duro.

Ted: Sobreviviré. Aunque por poco.

Comprueba tu comprensión

1. ¿Cuánto tiempo ha pasado desde que no hablan?
2. ¿Quién acaba de empezar un nuevo trabajo?
3. ¿Por qué la empresa de Ted no está contratando gente nueva?
4. ¿Crees que son buenos amigos?

Respuestas

1. Han pasado al menos seis meses.
2. Ethan empezó un nuevo trabajo.
3. No están contratando porque son tacaños.
4. Probablemente no. No hablan mucho.

#9: Online Dating

Amy and Barb are talking about online dating.

Amy: How's the online dating going?

Barb: Not great! All I want is someone with a good sense of humor, but no luck yet.

Amy: There has to be some funny people out there?

Barb: Maybe. I haven't met them yet though.

Amy: Don't give up. Now that I think about it, my coworker Bob is a funny guy. I think he's single.

Barb: Oh really? You should set us up.

Amy: Let me check with Bob. I'll let you know.

Check your Understanding

1. Who is doing online dating?

2. Has Barb met someone that she likes?

3. What kind of person is Barb looking for?

4. What is Amy's idea?

Answers

1. Barb is doing online dating.

2. No, she hasn't met anyone she likes yet.

3. She's looking for someone who is funny.

4. Amy wants to introduce Barb to her coworker Bob.

Amy y Barb están hablando de citas en línea.

Amy: ¿Cómo van las citas en línea?

Barb: ¡No muy bien! Todo lo que quiero es alguien con buen sentido del humor, pero aún no he tenido suerte.

Amy: ¿Tiene que haber alguien divertido por ahí?

Barb: Puede ser. Aunque todavía no los he conocido.

Amy: No te rindas. Ahora que lo pienso, mi compañero de trabajo Bob es un tipo divertido. Creo que está soltero.

Barb: ¿En serio? Deberías organizarnos una cita.

Amy: Déjame checar con Bob. Te avisaré.

Comprueba tu comprensión

1. ¿Quién tiene citas en línea?
2. ¿Barb ha conocido a alguien que le guste?
3. ¿Qué tipo de persona busca Barb?
4. ¿Cuál es la idea de Amy?

Respuestas.

1. Barb está teniendo citas en línea.
2. No, ella no ha conocido a nadie que le guste.
3. Ella está buscando a alguien divertido.
4. Amy quiere presentarle a Barb su compañero de trabajo Bob.

#10: Long Time, No See

Tim and Carrie ran into each at the coffee shop.

Tim: Carrie! Long time, no see.

Carrie: Wow, it has been a while, right? Maybe a year?

Tim: Yeah, I think it was around Christmas last year that I ran into you.

Carrie: That's right. I remember that.

Tim: Do you come to this coffee shop a lot? I've never seen you here before.

Carrie: No, I don't. I was just in the area dropping my son off at his friend's house.

Tim: I see. Okay. Well, you have my number. Give me a text if you're around here. I can meet you for coffee. I live right down the street.

Carrie: For sure. Let's catch up soon.

Check your Understanding

1. Are Tim and Carrie good friends?

2. Does Carrie live near that coffee shop?

3. Why was Carrie in that area?

4. Where does Tim live?

Answers

1. No, they aren't.

2. No, she doesn't.

3. She was in that area because she was dropping her son off at his friend's house.

4. Tim lives down the street from that coffee shop.

Tim y Carrie se encontraron en la cafetería.

Tim: ¡Carrie! Cuánto tiempo sin verte.

Carrie: Vaya, ha pasado un tiempo, ¿verdad? ¿Tal vez un año?

Tim: Sí, creo que fue alrededor de Navidad del año pasado cuando me encontré contigo.

Carrie: Así es. Lo recuerdo.

Tim: ¿Vienes mucho a esta cafetería? Nunca te había visto aquí antes.

Carrie: No. Solo estaba por la zona dejando a mi hijo en casa de su amigo.

Tim: Ya veo. Está bien. Bueno, tienes mi número. Envíame un mensaje si estás por aquí. Podemos tomar un café. Vivo justo al final de la calle.

Carrie: Por supuesto. Pongámonos pronto al día.

Comprueba tu comprensión

1. ¿Tim y Carrie son buenos amigos?

2. ¿Carrie vive cerca de esa cafetería?

3. ¿Por qué estaba Carrie en esa zona?

4. ¿Dónde vive Tim?

Respuestas

1. No, no lo son.

2. No, ella no vive cerca.

3. Ella estaba en la zona porque estaba dejando a su hijo en casa de su amigo

4. Tim vive al final de la calle de esa cafetería

#11: Where's the Bathroom?

Lenny is at the dentist's office, and needs to use the bathroom.

Lenny: Hi, I'm Lenny Brown. I have an appointment at 10:30.

Receptionist: Sure, have a seat, please. It'll just be a few minutes.

Lenny: Do you have a bathroom here? I'd like to go before my appointment.

Receptionist: Sure, you'll need this key. It's down the hall and on your left.

Lenny: Thank you.

Receptionist: No problem. Don't forget to bring the key back.

Check your Understanding

1. What time is Lenny's appointment?
2. Did Lenny arrive on time?
3. Is the dentist ready for Lenny when he arrives?
4. Where is the bathroom?

Answers

1. It's at 10:30.
2. It's unclear what time he arrived.
3. No, he is supposed to sit down and wait for a few minutes.
4. It's down the hall and on the left.

Lenny está en la consulta del dentista y necesita usar al baño.

Lenny: Hola, soy Lenny Brown. Tengo una cita a las 10:30.

Recepcionista: Claro, tome asiento, por favor. Sólo serán unos minutos.

Lenny: ¿Tienen algún baño aquí? Me gustaría ir antes de mi cita.

Recepcionista: Claro, necesitarás esta llave. Está al final del pasillo y a tu izquierda.

Lenny: Gracias.

Recepcionista: De nada. No olvides traer la llave devuelta.

Comprueba tu comprensión

1. ¿A qué hora es la cita de Lenny?
2. ¿Lenny llegó a tiempo?
3. ¿Está el dentista preparado para recibir a Lenny cuando llegue?
4. ¿Dónde está el baño?

Respuestas

1. Es a las 10:30.
2. No está claro a qué hora llegó.
3. No, él debe sentarse y esperar unos minutos
4. Está al final del pasillo y a la izquierda

#12: Chatting at Lunch

Nathan and Ed are chatting over lunch at the office.

Nathan: I haven't seen you in a while. How's your family doing?

Ed: Oh, good. Alice just started playing soccer, and Kenny is getting into tennis.

Nathan: Oh that sounds fun. They grow up so fast, right?

Ed: They sure do. What's up with you?

Nathan: Not much new here. My girlfriend and I are talking about moving in together so that's kind of a big thing.

Ed: Nice! That's a big thing for sure.

Check Your Understanding

1. What is Nathan's big news?
2. What activities do the kids do?
3. Do Nathan and Ed see each other regularly?

Answers

1. Nathan and his girlfriend are considering moving in together.
2. They play soccer and tennis.
3. No, they don't.

Nathan y Ed charlan durante el almuerzo en la oficina.

Nathan: No te he visto en un tiempo. ¿Cómo está tu familia?

Ed: Oh, Bien. Alice acaba de empezar a jugar fútbol y Kenny está empezando a jugar tenis.

Nathan: Oh, eso suena divertido. Crecen tan rápido, ¿verdad?

Ed: Así es. ¿Qué hay de nuevo contigo?

Nathan: No hay muchas novedades. Mi novia y yo estamos hablando de mudarnos juntos, eso es algo importante.

Ed: ¡Qué bien! Eso es algo muy importante, sin duda.

Comprueba tu comprensión

1. ¿Cuál es la gran noticia de Nathan?
2. ¿Qué actividades realizan los niños?
3. ¿Nathan y Ed se ven con regularidad?

Respuestas

1. Nathan y su novia están pensando en mudarse juntos.
2. Ellos juegan al fútbol y al tenis.
3. No.

#13: Stand-Up Paddleboarding

Dee and Charles are talking about going stand-up paddleboarding.

Dee: Hey Charles, do you want to go stand-up paddleboarding this weekend? I have two boards.

Charles: Oh wow. I've never done it, but why not? You're always so active.

Dee: Yeah, I try to get out on the water every week during the summer. Why don't I pick you up at noon on Saturday?

Charles: Perfect.

Dee: I may be a few minutes late. You know me!

Charles: No worries. I'll just wait outside. Oh, and let's grab a beer afterwards. My treat. What do I need to wear?

Dee: Just normal swimming stuff. It's good if you have a pair of water shoes too.

Check your Understanding

1. Does Charles have his own board?
2. Is Dee usually on time?
3. What will they do after stand-up paddleboarding?
4. Why do you think Charles is going to buy Dee a beer?

Answers

1. No, he's going to borrow one of Dee's boards.
2. No, she isn't.
3. They will get a beer.
4. He will probably buy Dee a beer because he will borrow one of her boards.

Dee y Charles están hablando de hacer surf de remo.

Dee: Hola Charles, ¿quieres ir a hacer surf de remo este fin de semana? Tengo dos tablas.

Charles: Oh, vaya. Nunca lo he hecho, pero ¿por qué no? Siempre estás tan activo.

Dee: Sí, intento salir al agua todas las semanas durante el verano. ¿Por qué no te recojo el sábado al mediodía?

Charles: Perfecto.

Dee: Puede que llegue unos minutos tarde. ¡Ya me conoces!

Charles: No te preocupes. Esperaré fuera. Ah, y tomemos una cerveza después. Yo invito. ¿Qué tengo que ponerme?

Dee: Lo normal para nadar. Es bueno si tienes un par de zapatos de agua también.

Comprueba tu comprensión

1. ¿Carlos tiene su propia tabla?
2. ¿Dee suele ser puntual?
3. ¿Qué harán después de practicar surf de remo?
4. ¿Por qué crees que Charles va a comprarle una cerveza a Dee?

Respuestas

1. No, él va a tomar prestada una de las tablas de Dee.
2. No, ella no lo es.
3. Se tomarán una cerveza.
4. Probablemente le comprará una cerveza a Dee porque le prestará una de sus tablas.

#14: You're Still Sick?

Billy is telling Cameron that he should go to the doctor.

Cameron: You're still sick? It's been weeks now!

Billy: I know. I can't get over it.

Cameron: Your cough sounds terrible. I think you should go to the doctor.

Billy: You're right. I'm not sleeping at night. I just keep coughing.

Cameron: Are you going to make an appointment?

Billy: Yes, I'll phone right now.

Cameron: Let me know what the doctor says.

Billy: Okay, I will. Thanks for being a good friend.

Check your Understanding

1. Why is Cameron worried about Billy?

2. Why can't Billy sleep?

3. What does Cameron want Billy to do?

4. Is Billy going to see the doctor?

Answers

1. He's worried because Billy has been sick for weeks.

2. He can't sleep at night because of his cough.

3. Cameron wants Billy to see a doctor.

4. Yes, he will.

Billy le dice a Cameron que debería ir al médico.

Cameron: ¿Sigues enfermo? ¡Ya han pasado semanas!

Billy: Lo sé. No se me quita.

Cameron: Tu tos suena terrible. Creo que deberías ir al médico.

Billy: Tienes razón. No estoy durmiendo por la noche. No dejo de toser.

Cameron: ¿Vas a hacer una cita?

Billy: Sí, llamaré ahora mismo.

Cameron: Avísame que dice el médico.

Billy: De acuerdo, lo haré. Gracias por ser un buen amigo.

Comprueba tu comprensión

1. ¿Por qué Cameron está preocupado por Billy?

2. ¿Por qué Billy no puede dormir?

3. ¿Qué quiere Cameron que haga Billy?

4. ¿Billy va a ir al médico?

Respuestas

1. Está preocupado porque Billy ha estado enfermo por semanas.

2. No puede dormir en la noche debido a su tos.

3. Cameron quiere que Billy vaya a ver a un médico.

4. Sí, lo hará.

#15: Business Trip

Andy is talking to Ted about his business trip.

Andy: Long time, no see. How are you doing, Ted?

Ted: Oh great, I just got home from Sweden.

Andy: That's exciting! Why were you there?

Ted: Not so exciting, actually. It was for a business trip.

Andy: How long did you go for?

Ted: Less than a week. It was a lot of flying.

Andy: I would love it if my company sent me to Europe!

Ted: It wasn't that glamorous. I was working 14 hours a day!

Check your Understanding

1. Why did Ted go to Sweden?

2. Did Ted enjoy the trip?

3. Why did Ted say his trip wasn't glamorous?

4. Would Andy like to go to Europe?

Answers

1. He went on a business trip.

2. Not really.

3. It wasn't glamorous because he was working so much.

4. Yes, he would.

Andy está hablando con Ted sobre su viaje de negocios.

Andy: Cuánto tiempo sin verte. ¿Cómo te va, Ted?

Ted: Oh genial, acabo de llegar de Suecia.

Andy: ¡Qué emocionante! ¿Por qué estuviste allí?

Ted: No tan emocionante, la verdad. Fue por un viaje de negocios.

Andy: ¿Cuánto tiempo estuviste?

Ted: Menos de una semana. Fueron muchos vuelos.

Andy: ¡Me encantaría que mi empresa me enviara allí!

Ted: No fue tan glamuroso. ¡Estuve trabajando 14 horas al día!

Comprueba tu comprensión

1. ¿Por qué Ted se fue a Suecia?
2. ¿Ted disfrutó del viaje?
3. ¿Por qué Ted dijo que su viaje no fue glamuroso?
4. ¿A Andy le gustaría ir a Suecia?

Respuestas

1. Se fue de viaje de negocios.
2. La verdad es que no.
3. No fue glamuroso porque estuvo trabajando bastante.
4. Si, lo gustaría.

#16: Deciding What to Cook

Stephen and Amar are talking about what to cook.

Stephen: I always hate the day before we go grocery shopping. It feels like we have nothing to eat.

Amar: Well, let's take a look! I'm sure we can figure something out.

Stephen: Okay. We have some lettuce that needs to be eaten, a tomato, and some carrots. We can start with a salad, and I'll make some homemade dressing.

Amar: Hmm . . . and we have some hummus. We can have that with some crackers.

Stephen: Sure. Let's break open that jar of homemade pickles too!

Amar: Perfect. This sounds like a decent dinner!

Check Your Understanding

1. When are they doing grocery shopping?
2. Why are they going to have salad?
3. What are they eating the hummus with?
4. What kind of salad dressing will they have?

Answers

1. They are going shopping the next day.
2. They are going to have salad because they need to eat the lettuce.
3. They are going to eat it with some crackers.
4. It's unclear, but they will make it themselves.

Stephen y Amar hablan sobre qué cocinar.

Stephen: Siempre odio el día antes de ir a hacer la compra. Parece que no tenemos nada que comer.

Amar: Bueno, ¡echemos un vistazo! Estoy segura que podemos encontrar algo.

Stephen: Está bien. Tenemos algo de lechuga que se necesita comer, un tomate y unas zanahorias. Podemos empezar con una ensalada, y haré un poco de aderezo casero.

Amar: Hmm . . . y tenemos un poco de hummus. Podemos comerlo con unas galletas.

Stephen: Claro. ¡Abramos también ese envase de pepinillos caseros!

Amar: Perfecto. ¡Parece una cena decente!

Comprueba tu comprensión

1. ¿Cuándo van a hacer la compra?

2. ¿Por qué van a comer ensalada?

3. ¿Con qué van a comer el hummus?

4. ¿Qué tipo de aderezo van a usar para la ensalada?

Respuestas

1. Ellos van a hacer las compras al día siguiente.

2. Ellos van a comer ensalada porque necesitan comerse la lechuga.

3. Se lo van a comer con unas galletas.

4. No está claro, pero la harán ellos mismos.

#17: Can I Turn Up the Music?

Tom has many problems!

Tom: Do you mind if I turn up the music? I can't hear that well in my old age! It's so quiet.

Jenny: No, go ahead. It's fine with me.

Tom: And, I'd love to turn the heat up a bit too. It's freezing in here.

Jenny: Sure. I also have a blanket you can borrow. It'll take a while for the house to get warmer. You have a lot of problems!

Tom: Now that you mention it, I'm a little bit hungry! Do you have something I can snack on?

Jenny: Of course. You make me feel like such a good friend.

Check your Understanding

1. Whose house are they at?

2. Why does Jenny offer Tom the blanket?

3. Is Jenny annoyed at Tom?

4. Do you think they are good friends?

Answers

1. They are at Jenny's house.

2. She offers him the blanket because he's cold, and it will take a while for the house to get warmer.

3. She doesn't seem annoyed.

4. They probably are. They seem comfortable around each other.

¡Tom tiene muchos problemas!

Tom: ¿Te importa si subo el volumen de la música? ¡No escucho tan bien en mi vejez! Hay mucho silencio.

Jenny: No, adelante. Por mí no hay problema.

Tom: Y también me gustaría subir un poco la calefacción. Hace mucho frío aquí.

Jenny: Claro. También tengo una manta que te puedo prestar. La casa tardará un poco en calentarse. ¡Tienes muchos problemas!

Tom: ¡Ahora que lo dices, tengo un poco de hambre! ¿Tienes algo para picar?

Jenny: Por supuesto. Me haces sentir como un buen amigo.

Comprueba tu comprensión

1. ¿En casa de quién están?

2. ¿Por qué Jenny le ofrece la manta a Tom?

3. ¿Jenny está enfadada con Tom?

4. ¿Crees que son buenos amigos?

Respuestas

1. Están en casa de Jenny.

2. Ella le ofrece la manta porque él tiene frío y la casa tardará en calentarse.

3. Ella no parece molesta.

4. Probablemente lo sean. Parecen sentirse cómodos el uno con el otro.

#18: Taking the Bus

Ted and Chris are trying to figure out how to get to the airport from downtown.

Ted: How are we going to get to the airport tomorrow?

Chris: Isn't there a bus that goes there?

Ted: Probably. Do you know which one?

Chris: I think number seven is the airport bus but let's check online and see.

Ted: Sure, I have my computer right here.

Chris: Perfect.

Ted: Okay. It is the number seven. It leaves every twenty minutes and the stop is just a few minutes away from here. Let's try to get the 1:20? That leaves us plenty of time.

Chris: Sounds like a plan.

Check Your Understanding

1. Where are they going?
2. How often does the airport bus run?
3. Where is the bus stop?
4. Where are they getting information about the bus?

Answers

1. They are going to the airport.
2. The bus runs every twenty minutes.
3. The bus stop is only a few minutes away.
4. They are looking online for information.

Ted y Chris intentan averiguar cómo llegar al aeropuerto desde el centro de la ciudad.

Ted: ¿Cómo vamos a llegar al aeropuerto mañana?

Chris: ¿No hay un autobús que vaya hasta allí?

Ted: Probablemente. ¿Sabes cuál es?

Chris: Creo que el número siete es el autobús del aeropuerto, pero vamos a mirar en internet a ver.

Ted: Claro, tengo la computadora aquí mismo.

Chris: Perfecto.

Ted: Está bien. Es el número siete. Sale cada veinte minutos y la parada está a unos minutos de aquí. ¿Intentamos tomar el de la 1:20? Eso nos deja tiempo de sobra.

Chris: Me parece un buen plan.

Comprueba tu comprensión

1. ¿Adónde se dirigen?

2. ¿Con qué frecuencia pasa el autobús del aeropuerto?

3. ¿Dónde está la parada del autobús?

4. ¿Dónde obtienen información sobre el autobús?

Respuestas

1. Ellos se dirigen al aeropuerto.

2. El autobús pasa cada veinte minutos.

3. La parada de autobús está a pocos minutos.

4. Ellos están buscando información en Internet.

#19: Beautiful Weather

Sid and Keith are two travelers in Spain who are talking about the weather.

Keith: Beautiful day, isn't it?

Sid: Yes, it's so nice out there!

Keith: It's so sunny. I wish I had my sunglasses.

Sid: Me too. What's the forecast for tomorrow? Do you know? I was going to check out the Alhambra.

Keith: It's supposed to be rainy and windy, I think.

Sid: Oh, I should go there today then.

Keith: Yes, that would be a good plan. I'm heading there myself!

Check your Understanding

1. Why are they both going to the Alhambra today?

2. What does Keith wish he had?

3. Are they friends?

Answers

1. They're both going today because the weather is good. It's supposed to be rainy tomorrow.

2. He wishes he had sunglasses.

3. No, they aren't.

Sid y Keith son dos viajeros en España que hablan del tiempo.

Keith: Hermoso día, ¿verdad?

Sid: Sí, ¡es tan agradable aquí fuera!

Keith: Está muy soleado. Ojalá tuviera mis lentes de sol.

Sid: Igual. ¿Cuál es el pronóstico para mañana? ¿Lo sabes? Iba a ir a Alhambra.

Keith: Se supone que va a estar lluvioso y ventoso, creo.

Sid: Oh, entonces debería ir hoy.

Keith: Sí, sería un buen plan. ¡Yo también voy para allá!

Comprueba tu comprensión

1. ¿Por qué van hoy los dos a Alhambra?

2. ¿Qué le gustaría tener a Keith?

3. ¿Son amigos?

Respuestas

1. Los dos van hoy porque hace buen tiempo. Se supone que lloverá mañana.

2. Le gustaría tener lentes de sol.

3. No, no lo son.

#20: Christmas Holidays

Ted and Sam are talking about Christmas holidays.

Ted: So, what are you up to for Christmas holidays?

Sam: Well, on Christmas day, we open presents before breakfast. And then in the afternoon, I cook Christmas dinner.

Ted: Do you have lots of people over?

Sam: Every year, the whole extended family comes for dinner. It's a lot of people, around 20-30.

Ted: Sounds similar to my Christmas. Then I just rest between then and New Year's.

Sam: Same here. I go entire days without changing out of my pajamas.

Check your Understanding

1. Are their Christmas holidays similar or different?

2. How many people come over to Sam's house for dinner?

3. Why does Sam wear his pajamas for many days?

4. Do you think Sam is good at cooking?

Answers

1. They are quite similar.

2. Around 20-30 people come for dinner.

3. He wears pajamas for many days because he's tired from Christmas.

4. He's probably good at cooking. He makes a turkey dinner for 20-30 people.

Ted y Sam hablan de las vacaciones de Navidad.

Ted: ¿Qué vas a hacer en las vacaciones de Navidad?

Sam: Bueno, el día de Navidad, abrimos los regalos antes del desayuno. Y luego por la tarde, preparo la cena de Navidad.

Ted: ¿Va mucha gente a tu casa?

Sam: Cada año, toda la familia viene a cenar. Son muchas personas, entre 20 y 30.

Ted: Suena parecido a mis Navidades. Luego descanso hasta el Año Nuevo.

Sam: Igual acá. Paso días enteros sin cambiarme de pijama.

Comprueba tu comprensión

1. ¿Sus vacaciones de Navidad son similares o diferentes?
2. ¿Cuántas personas van a cenar a casa de Sam?
3. ¿Por qué Sam usa muchos días su pijama?
4. ¿Crees que Sam sea bueno cocinando?

Respuestas

1. Son bastante similares.
2. Alrededor de 20-30 personas van a cenar.
3. Él usa pijama muchos días porque está cansado de las Navidades
4. Es probable que sea bueno cocinando. Él hace una cena de pavo para 20-30 personas.

#21: Time to Call it a Day

Tony and Keith are coworkers and talking about finishing up for the day.

Tony: What do you think? Should we call it a day and grab a beer?

Keith: I've got about another 20 minutes of work. Can you wait a bit?

Tony: Sure, no problem. I'll hang out in my office. Come get me when you're ready.

Keith: Awesome. See you soon. And don't let me stay too late at the pub, okay? My wife will be so angry at me.

Tony: I'm not your babysitter! Haha.

Keith: Just be a good friend, please!

Check your Understanding

1. When are they going to go to the pub?
2. Why aren't they going to the pub right now?
3. Why might Keith's wife be angry?
4. Why does Tony say, "I'm not your babysitter"?

Answers

1. They'll go in about 20 minutes from now.
2. They aren't going right away because Keith has to finish some work.
3. She'll be angry if Keith stays out too late.
4. He says that because he doesn't want to control how late Keith stays out.

Tony y Keith son compañeros de trabajo y hablan acerca de terminar el día.

Tony: ¿Qué piensas? ¿Lo dejamos por hoy y nos tomamos una cerveza?

Keith: Tengo unos 20 minutos más de trabajo. ¿Puedes esperar un poco?

Tony: Claro, no hay problema. Me quedaré en mí oficina. Ven a buscarme cuando estés listo.

Keith: Genial. Nos vemos pronto. Y no me dejes quedarme hasta muy tarde en el bar, ¿está bien? Mi esposa se molestará bastante conmigo.

Tony: ¡No soy tu niñera! Jaja.

Keith: ¡Sólo sé un buen amigo, por favor!

Comprueba tu comprensión

1. ¿Cuándo van a ir al bar?
2. ¿Por qué no van a ir al bar ahora?
3. ¿Por qué la esposa de Keith podría enfadarse?
4. ¿Por qué Tony dice: "No soy tu niñera"?

Respuestas

1. Ellos van a ir dentro de unos 20 minutos.
2. Ellos no se van enseguida porque Keith tiene que terminar un trabajo.
3. Ella se enfadará si Keith se queda hasta muy tarde.
4. Él dice eso porque no quiere controlar hasta qué hora Keith se queda fuera.

#22: Talking about What to Eat a Restaurant

Sharon and Mel are talking about what to eat.

Sharon: What are you going to get?

Mel: I'm trying to decide between the veggie burger and the Thai salad. What about you?

Sharon: Both of those sound great, especially the salad. I think I'll go for the pizza, but I don't know what kind yet.

Mel: Pizza. Yum! How about splitting a meat lover's pizza and the salad?

Sharon: That sounds like such a good plan.

Mel: Let's do it.

Check Your Understanding

1. Are they each going to get their own meal?
2. What kind of pizza are they getting?
3. What kind of salad are they getting?
4. Do you think they are good friends?

Answers

1. No, they are going to share two things.
2. They are getting a meat lover's pizza.
3. They are getting a Thai salad.
4. They are probably good friends if they're going to share two meals.

Sharon y Mel están hablando sobre qué comer.

Sharon: ¿Qué vas a pedir?

Mel: Estoy intentando decidirme entre la hamburguesa vegetariana y la ensalada tailandesa. ¿Y tú?

Sharon: Las dos suenan muy bien, especialmente la ensalada. Creo que iré por la pizza, pero todavía no sé cuál.

Mel: Pizza. ¡Qué rico! ¿Qué tal si dividimos la pizza para amantes de la carne y la ensalada?

Sharon: Me parece un buen plan.

Mel: Hagámoslo.

Comprueba tu comprensión

1. ¿Van a tener cada una su propia comida?
2. ¿Qué tipo de pizza van a pedir?
3. ¿Qué tipo de ensalada van a pedir?
4. ¿Crees que son buenas amigas?

Respuestas

1. No, ellas van a compartir dos cosas.
2. Ellas van a pedir una pizza para amantes de la carne.
3. Ellas van a pedir una ensalada tailandesa.
4. Probablemente sean buenas amigas si van a compartir dos comidas.

#23: Could you Please Give Me a Hand?

Tom is asking Jenny for help.

Tom: Could you please give me a hand this weekend?

Jenny: Maybe. It depends which day. I'm going on a long hike on Sunday.

Tom: Would you mind looking after Sarah during my dentist appointment on Saturday?

Jenny: Okay, no problem. I love hanging out with her. What time?

Tom: From 2:00 until around 4:30. She wants to see that new robot movie. Why don't I give you money for the two of you, and you can take her?

Jenny: Oh, that sounds fun. I'm in!

Check your Understanding

1. Why does Tom need help?

2. What are Jenny and Sarah going to do?

3. Who is paying for the movie tickets?

4. Why do you think Tom is going to pay?

Answers

1. He needs someone to look after his daughter while he's at the dentist.

2. Jenny is going to take Sarah to a movie.

3. Tom will pay for both tickets.

4. He's going to pay because Jenny is doing him a favour.

Tom le pide ayuda a Jenny.

Tom: ¿Podrías echarme una mano este fin de semana?

Jenny: Tal vez. Depende de qué día. Voy a hacer una larga excursión el domingo.

Tom: ¿Te importaría cuidar de Sarah durante mi cita con el dentista el sábado?

Jenny: Ok, no hay problema. Me encanta estar con ella. ¿A qué hora?

Tom: Desde las 2:00 hasta alrededor de las 4:30. Ella quiere ver esa nueva película de robots. ¿Por qué no te doy dinero para las dos y la llevas?

Jenny: Oh, eso suena divertido. ¡Me apunto!

Comprueba tu comprensión

1. ¿Por qué Tom necesita ayuda?

2. ¿Qué van a hacer Jenny y Sarah?

3. ¿Quién va a pagar las entradas para el cine?

4. ¿Por qué crees que Tom va a pagar?

Respuestas

1. Él necesita que alguien cuide de su hija mientras está en el dentista.

2. Jenny va a llevar a Sarah al cine.

3. Tom pagará las dos entradas.

4. Él va a pagar porque Jenny le está haciendo un favor.

#24: I'm Hungry!

Emma is complaining to her dad about how hungry she is.

Emma: Dad! I'm hungry. When is dinner?

Dad: Hang on for a few more minutes. The pasta still has to cook.

Emma: I can't wait. I'm going to have a snack.

Dad: No. Dinner will be ready in less than 10 minutes. You can wait.

Emma: I can't.

Dad: Why are you so hungry? We are eating early tonight. It's only 5:30.

Emma: I don't know. I just am.

Dad: Well, don't ruin your dinner with snacks. Just wait. You won't die!

Check your Understanding

1. Will Emma have a snack before dinner?

2. Why is Emma so hungry?

3. What time does the family normally eat dinner?

Answers

1. No, she won't.

2. We don't know why Emma is so hungry.

3. They probably eat dinner later than 5:30.

Emma se queja con su papá de lo hambrienta que está.

Emma: ¡Papá! Tengo hambre. ¿Cuándo estará la cena?

Papá: Espera unos minutos más. La pasta aún tiene que cocinarse.

Emma: No puedo esperar. Voy a merendar.

Papá: No. La cena estará lista en menos de 10 minutos. Puedes esperar.

Emma: No puedo.

Papá: ¿Por qué tienes tanta hambre? Esta noche cenamos temprano. Sólo son las cinco y media.

Emma: No lo sé. Simplemente tengo hambre.

Papá: Bueno, no arruines tu cena con bocadillos. Solo espera. ¡No te vas a morir!

Comprueba tu comprensión

1. ¿Emma va a merendar antes de cenar?
2. ¿Por qué Emma tiene tanta hambre?
3. ¿A qué hora cena normalmente la familia?

Respuestas

1. No, no lo hará.
2. No sabemos por qué Emma tiene tanta hambre.
3. Probablemente cenan después de las cinco y media.

#25: Thanks for Coming Over

Tom is having Jenny over to his house.

Tom: Hi Jenny! Thanks for coming over.

Jenny: Thanks so much for inviting me. I'm excited to see your home.

Tom: Please come in. Can I take your jacket?

Jenny: Sure, thank you. Should I take off my shoes?

Tom: Yes, if you don't mind. Come on in. What can I get you to drink?

Jenny: Oh, I'd love a beer if you have.

Tom: Sure do. Come with me to the kitchen.

Check your Understanding

1. How many times has Jenny been to Tom's house?

2. Does Jenny have to take off her shoes in his house?

3. What does Jenny want to drink?

Answers

1. It's her first time at his house.

2. Yes, she does.

3. She wants a beer.

Tom invita a Jenny a su casa.

Tom: ¡Hola Jenny! Gracias por venir.

Jenny: Muchas gracias por invitarme. Estoy emocionada por ver tu casa.

Tom: Pasa, por favor. ¿Puedo tomar tu chaqueta?

Jenny: Claro, gracias. ¿Debería quitarme los zapatos?

Tom: Sí, si no te importa. Pasa. ¿Qué te puedo dar para tomar?

Jenny: Oh, me encantaría una cerveza si tienes.

Tom: Claro que sí. Ven conmigo a la cocina.

Comprueba tu comprensión

1. ¿Cuántas veces ha estado Jenny en casa de Tom?

2. ¿Jenny tiene que quitarse los zapatos en su casa?

3. ¿Qué quiere Jenny de beber?

Respuestas

1. Es la primera vez que va a su casa.

2. Sí, tiene que quitárselos.

3. Ella quiere una cerveza.

#25: Ordering Pizza

Tom is ordering a pizza on the phone.

Employee: Hi, ABC Pizza.

Tom: Hi, I'd like to get a large pepperoni pizza, please.

Employee: Anything else?

Tom: No, that's it, I think. Wait. Maybe an order of hot wings as well.

Employee: Sure, for pick-up or delivery?

Tom: I'll pick it up.

Employee: Give us 30 minutes. What's your name and phone number?

Tom: Tom and 123-456-7890. See you soon.

Check your Understanding

1. Is Tom going to get his pizza delivered?
2. How long until the pizza is ready?
3. Does Tom want anything else besides pizza?
4. Why does the pizza shop need Tom's phone number?

Answers

1. No, he isn't.
2. It will take 30 minutes.
3. Yes, he does. He also wants some hot wings.
4. They want his phone number in case there's a problem, or Tom doesn't come to pick up the pizza.

Tom pide una pizza por teléfono.

Empleado: Hola, ABC Pizza.

Tom: Hola, me gustaría una pizza grande de pepperoni, por favor.

Empleado: ¿Algo más?

Tom: No, eso es todo, creo. Espera. Quizá también una orden de alitas picantes.

Empleado: Claro, ¿para recoger o domicilio?

Tom: Lo recogeré.

Empleado: Danos 30 minutos. ¿Cuál es tu nombre y número de teléfono?

Tom: Tom y 123-456-7890. Nos vemos.

Comprueba tu comprensión

1. ¿Tom va a recibir su pizza por domicilio?
2. ¿Cuánto falta para que la pizza esté lista?
3. ¿Tom quiere algo más aparte de la pizza?
4. ¿Por qué la pizzería necesita el número de teléfono de Tom?

Respuestas

1. No, no la va a recibir por domicilio.
2. Tardará 30 minutos.
3. Sí, quiere algo más. Él también quiere alitas picantes.
4. Ellos quieren su número de teléfono por si hay algún problema o Tom no viene a recoger la pizza.

#26: Weekend Plans

Sammy and Bill are talking about their weekend plans.

Sammy: What's your plan for the weekend?

Bill: I'll probably have some drinks with friends on Saturday night. Then I'll spend all of Sunday sleeping!

Sammy: You're getting old.

Bill: Maybe! What are you doing?

Sammy: A bit healthier than you. I'm hiking with some friends on Saturday and then I have a baseball game on Sunday.

Bill: That sounds fun too!

Check your Understanding

1. What is Bill doing on the weekend?
2. What is Sammy doing?
3. Why does Bill spend all Sunday sleeping?

Answers

1. He is going to drink alcohol and then rest.
2. He's going hiking and then playing baseball.
3. He probably spends all Sunday sleeping because he stayed up too late on Saturday and had too many drinks.

Sammy y Bill hablan de sus planes para el fin de semana.

Sammy: ¿Qué planes tienes para el fin de semana?

Bill: Probablemente tomaré unas copas con unos amigos el sábado por la noche. ¡Luego pasaré todo el domingo durmiendo!

Sammy: Te estás haciendo viejo.

Bill: ¡Quizás! ¿Y tú qué harás?

Sammy: Algo más sano que tú. El sábado voy de excursión con unos amigos y luego el domingo tengo un partido de fútbol.

Bill: ¡Eso también suena divertido!

Comprueba tu comprensión

1. ¿Qué hará Bill el fin de semana?
2. ¿Qué hará Sammy?
3. ¿Por qué Bill se pasa todo el domingo durmiendo?

Respuestas

1. Él va a beber alcohol y luego a descansar.
2. Él va a ir de excursión y luego a jugar fútbol.
3. Él probablemente se pase todo el domingo durmiendo porque el sábado se quedó despierto hasta muy tarde y bebió demasiado.

#27: Bob is Very Late

Tammy is annoyed at Bob for being late again.

Tammy: Bob! Where are you? I'm already here. We were supposed to meet at 7:00, and it's now 7:15.

Bob: I'm so sorry. I lost track of time.

Tammy: Have you even left your house yet?

Bob: No. But I can leave in a minute. I'm ready to go now. It's not far.

Tammy: Don't bother Bob. By the time you get here, you'll be over an hour late.

Bob: Why don't we reschedule?

Tammy: No, thank you. This is the third time this has happened.

Check Your Understanding

1. What time were they supposed to meet?
2. How late is Bob going to be?
3. Did they make another plan?
4. How does Tammy feel?

Answers

1. They were supposed to meet at 7:00.
2. He'll be more than one hour late.
3. No, Tammy doesn't want to make another plan because this is the third time Bob has been late.
4. She feels angry and annoyed.

62

Tammy se enfada con Bob por llegar tarde otra vez.

Tammy: BOB. ¿dónde estás? Ya estoy aquí. Se suponía que nos encontraríamos a las 7:00 y ya son las 7:15.

Bob: Lo siento mucho. Perdí la noción del tiempo.

Tammy: ¿Ya has salido de casa?

Bob: No. Pero puedo irme en un minuto. Estoy listo para irme. No está lejos.

Tammy: No te molestes Bob. Cuando llegues, estarás más de una hora tarde.

Bob: ¿Por qué no lo dejamos para otro día?

Tammy: No, gracias. Es la tercera vez que pasa esto.

Comprueba tu comprensión

1. ¿A qué hora se suponía que se reunirían?
2. ¿Qué tan tarde llegará Bob?
3. ¿Hicieron otro plan?
4. ¿Cómo se siente Tammy?

Respuestas

1. Se suponía que se encontrarían a las 7:00
2. Él estará más de una hora tarde.
3. No, Tammy no quiere hacer otro plan porque es la tercera vez que Bob llega tarde.
4. Ella se siente enfadada y molesta.

#28: How was your Christmas?

Emma is talking to Cara about Christmas vacation.

Cara: How was your Christmas?

Emma: Not great. I caught a cold and felt terrible. My whole family was sick actually.

Cara: That's terrible!

Emma: It was. I hope that yours was better.

Cara: It was so good. We went on a family ski trip.

Emma: That sounds amazing. To La Molina?

Cara: Yes, we rented a cabin for a week.

Emma: Fun!

Check your Understanding

1. Who had a fun vacation?

2. Why didn't Emma like her vacation?

3. What did Cara's family do?

Answers

1. Cara had a fun vacation.

2. She didn't like it because she was sick.

3. They rented a cabin and went skiing.

Emma está hablando con Cara sobre las vacaciones de Navidad.

Cara: ¿Cómo estuvieron tus Navidades?

Emma: No muy bien. Cogí un resfriado y me sentí terrible. De hecho, toda mi familia estuvo enferma.

Cara: ¡Eso es terrible!

Emma: Lo fue. Espero que la tuya fuera mejor.

Cara: Estuvo muy buena. Fuimos a esquiar en familia.

Emma: Eso suena increíble. ¿A La Molina?

Cara: Sí, alquilamos una cabaña durante una semana.

Emma: ¡Qué divertido!

Comprueba tu comprensión

1. ¿Quién pasó unas vacaciones divertidas?
2. ¿Por qué a Emma no le gustaron sus vacaciones?
3. ¿Qué hizo la familia de Cara?

Respuestas

1. Cara tuvo unas vacaciones divertidas.
2. No les gustó porque ella estaba enferma.
3. Ellos alquilaron una cabaña y fueron a esquiar.

#29: Trying on Clothes at the Store

Tim is asking the employee if he can try on some clothes.

Tim: Excuse me, can I try these shirts and pants on?

Employee: Sure, the changing room is over there. How many items do you have?

Tim: Let me see . . . 5 shirts and 3 pants.

Employee: You can only take 5 in at a time. But we can hold some outside for you. Just let me know when you're done with some of them, and I'll give you some more.

Tim: Sure, thank you.

Employee: No problem.

Check your Understanding

1. Why can you only take 5 items into the changing room?

2. How many things does Tim want to try on?

3. What is Tim going to buy?

Answers

1. The store doesn't want people to steal things.

2. He wants to try on 8 things.

3. We're not sure.

Tim le pregunta a la empleada si puede probarse ropa.

Tim: Disculpa, ¿puedo probarme estas camisas y estos pantalones?

Empleada: Claro, el probador está allí. ¿Cuántas prendas tienes?

Tim: A ver... 5 camisas y 3 pantalones.

Empleada: Sólo puedes llevar 5 a la vez. Pero podemos guardarte algunas afuera. Avísame cuando hayas terminado con algunas y te daré más.

Tim: Claro, gracias.

Empleada: De nada.

Comprueba tu comprensión

1. ¿Por qué sólo se puede llevar 5 prendas al probador?

2. ¿Cuántas cosas quiere probarse Tim?

3. ¿Qué va a comprar Tim?

Respuestas

1. La tienda no quiere que la gente robe cosas.

2. Él quiere probarse 8 cosas.

3. No estamos seguros.

#30: The Blind Date

Aaron is talking to Beth about his blind date.

Aaron: I need some ideas for a blind date that I'm going on.

Beth: How about a coffee date? It's cheap, and if you don't like her, you can leave after 20 or 30 minutes!

Aaron: That's a great idea.

Beth: Who set you up?

Aaron: My cousin Terry did. It's his coworker.

Beth: Hopefully it turns out well.

Aaron: She seems really cool, according to Terry. Fingers crossed!

Check your Understanding

1. What is Aaron going to do for his blind date?
2. Who is Aaron going on a date with?
3. What is a blind date?
4. Why is coffee a good idea for a blind date?

Answers

1. He might go to a coffee shop.
2. He's going on a date with his cousin's coworker.
3. It's a date with someone that you've never met or talked to before.
4. It's a good idea because it's cheap and doesn't have to be very long.

Aaron está hablando con Beth sobre su cita a ciegas.

Aaron: Necesito algunas ideas para una cita a ciegas a la que voy a ir.

Beth: ¿Qué tal una cita a un café? Es barato, y si no te gusta, ¡puedes irte luego de 20 o 30 minutos!

Aaron: Es una gran idea.

Beth: ¿Quién te organizó la cita?

Aaron: Mi primo Terry lo hizo. Es su compañera de trabajo.

Beth: Esperemos que salga bien.

Aaron: Ella parece realmente genial, según Terry. ¡Crucemos los dedos!

Comprueba tu comprensión

1. ¿Qué va a hacer Aarón para su cita a ciegas?
2. ¿Con quién va a tener Aaron una cita?
3. ¿Qué es una cita a ciegas?
4. ¿Por qué el café es una buena idea para una cita a ciegas?

Respuestas

1. Él puede que vaya a una cafetería.
2. Él va a tener una cita con la compañera de trabajo de su primo.
3. Es una cita con alguien a quien nunca has conocido o con quien nunca has hablado antes.
4. Es una buena idea porque es barato y no tiene que ser muy larga.

#31: Opening a Bank Account

Lucy wants to open up a bank account.

Clerk: How can I help you?

Lucy: I'd like to open up a bank account, please.

Clerk: Sure, our everyday account?

Lucy: Yes, that's it.

Clerk: Okay. Can I see two pieces of ID? One must have a picture.

Lucy: Here you go.

Clerk: Okay, that's fine. I'll get it set up. It'll just be a few minutes.

Check your Understanding

1. Does the bank have more than one kind of account?

2. How long will it take to set up the account?

3. How many pieces of ID do you need to open an account?

Answers

1. Yes, they do.

2. A few minutes.

3. You need two pieces.

Lucy quiere abrir una cuenta bancaria.

Empleado: ¿En qué puedo ayudarte?

Lucy: Me gustaría abrir una cuenta bancaria, por favor.

Empleado: Claro, ¿nuestra cuenta de todos los días?

Lucy: Sí, así es.

Empleado: Está bien. ¿Puedo ver dos documentos de identidad? Uno debe tener foto.

Lucy: Aquí tiene.

Empleado: De acuerdo, están bien. Lo prepararé. Sólo serán unos minutos.

Comprueba tu comprensión

1. ¿El banco tiene más de un tipo de cuenta?

2. ¿Cuánto tiempo se tarda en abrir la cuenta?

3. ¿Cuántos documentos de identidad se necesitan para abrir una cuenta?

Respuestas

1. Sí., las tienen

2. Unos minutos.

3. Necesita dos piezas.

#32: At the Library

Kevin wants to check some books out of the library.

Kevin: Excuse me, can I check out some books?

Clerk: Sure, have you got your library card?

Kevin: Oh no. I don't have an account.

Clerk: Okay, do you live in Barcelona?

Kevin: Yes.

Clerk: Can I see your driver's license? I can get all the information I need from there.

Kevin: Sure.

Clerk: Okay, here's your card. You can use the number to sign up for an account online.

Kevin: Great, thanks. How many books can I get at one time?

Clerk: You can check out 10 books at a time for three weeks. You can renew them online up to three times.

Check your Understanding

1. Where do you think the library is?
2. Do you need a driver's license to get a library card?
3. How many books can you take out?
4. How long can you take out books for?

Answers

1. It's probably in Barcelona.
2. No, you don't.
3. You can take out 10 books at a time.
4. You can take them out for 3 weeks x 4 times (12 weeks total).

Kevin quiere sacar algunos libros de la biblioteca.

Kevin: Disculpa, ¿puedo sacar algunos libros?

Empleado: Claro, ¿tienes el carnet de la biblioteca?

Kevin: Oh no. No tengo una cuenta.

Empleado: Está bien, ¿vives en Barcelona?

Kevin: Sí.

Empleado: ¿Puedo ver tu carnet de conducir? Puedo obtener toda la información que necesito de ahí.

Kevin: Claro.

Empleado: Bien, aquí está tu tarjeta. Puedes utilizar el número para abrir una cuenta en línea.

Kevin: Genial, gracias. ¿Cuántos libros puedo tener a la vez?

Empleado: Puedes sacar 10 libros a la vez durante tres semanas. Puedes renovarlos en línea hasta tres veces.

Comprueba tu comprensión

1. ¿Dónde crees que está la biblioteca?
2. ¿Necesitas el carnet de conducir para obtener el carnet de la biblioteca?
3. ¿Cuántos libros puedes sacar?
4. ¿Durante cuánto tiempo se pueden sacar los libros?

Respuestas

1. Probablemente esté en Barcelona.
2. No, no lo necesitas.
3. Puedes sacar 10 libros a la vez.
4. Puedes sacarlos durante 3 semanas x 4 veces (12 semanas en total).

#33: Planning a Hike

Aiden and Bob are talking about going hiking.

Aiden: When is your next day off? Do you want to go hiking?

Bob: I have Friday and Saturday off. Why don't we go on Saturday morning?

Aiden: Sure, that's good for me.

Bob: Maybe Golden Ears?

Aiden: I love it there. I can pick you up around 10:00?

Bob: Perfect, see you then.

Aiden: And let's get a beer and some lunch after if you have time.

Bob: Good idea.

Check your Understanding

1. What are Bob and Aiden going to do on the weekend?
2. Who is driving?
3. When are they going?
4. When does Bob work?

Answers

1. They are going hiking and will get lunch and a beer.
2. Aiden will drive.
3. They're going on Saturday at 10:00.
4. He probably works from Sunday to Thursday.

Aiden y Bob hablan de ir de excursión.

Aiden: ¿Cuándo es tu próximo día libre? ¿Quieres ir de excursión?

Bob: Tengo el viernes y el sábado libres. ¿Por qué no vamos el sábado por la mañana?

Aiden: Claro, me parece bien.

Bob: ¿Quizás a la montaña Golden Ears?

Aiden: Me encanta. ¿Puedo recogerte sobre las diez?

Bob: Perfecto, nos vemos entonces.

Aiden: Y tomemos una cerveza y almorcemos después si tienes tiempo.

Bob: Buena idea.

Comprueba su comprensión

1. ¿Qué van a hacer Bob y Aiden el fin de semana?
2. ¿Quién va a conducir?
3. ¿Cuándo van a ir?
4. ¿Cuándo trabaja Bob?

Respuestas

1. Se van de excursión y van a comer y a tomar una cerveza.
2. Aiden conducirá.
3. Irán el sábado a las 10:00.
4. Probablemente trabaje de domingo a jueves.

#34: The Ice Cream Shop

Mandy and Todd are deciding what kind of ice cream to get.

Mandy: There are so many choices here!

Todd: I know, that's why I like to come here. What are you thinking about?

Mandy: I know it's boring, but I usually just get the same thing every time. I go for one scoop of cookies & cream and one scoop of rainbow sherbet.

Todd: Those are classics for sure! Can't go wrong with them.

Mandy: What do you like?

Todd: I like to mix it up and get something different every time. I think I'll go for the salted caramel today.

Check your Understanding

1. Who usually gets the same thing every time?
2. What is Mandy's favorite kind of ice cream?
3. What is Todd going to get?
4. Why does Todd go to that ice cream shop?

Answers

1. Mandy usually gets the same thing each time.
2. She likes cookies & cream and rainbow sherbet.
3. He's going to get salted caramel.
4. He goes there because there are so many choices.

Mandy y Todd están decidiendo qué helado elegir.

Mandy: ¡Hay tantas opciones aquí!

Todd: Lo sé, por eso me gusta venir aquí. ¿En qué estás pensando?

Mandy: Sé que es aburrido, pero por lo general elijo lo mismo cada vez. Me pido una bola de cookies & cream y otra de sorbete arco iris.

Todd: ¡Esos son clásicos, sin duda! No te puedes equivocar con ellos.

Mandy: ¿Qué te gusta a ti?

Todd: Me gusta combinar y tener algo distinto cada vez. Creo que hoy elegiré el de caramelo salado.

Comprueba tu comprensión

1. ¿Quién suele tener siempre lo mismo?
2. ¿Cuál es el tipo de helado favorito de Mandy?
3. ¿Qué va a tener Todd?
4. ¿Por qué va Todd a esa heladería?

Respuestas

1. Mandy suele tener siempre lo mismo.
2. Le gusta el cookie & cream y el sorbete arco iris.
3. Va a tener caramelo salado.
4. Va allí porque hay muchas opciones.

#35: Talking to a Bus Driver

Jack wants to find out some information from the bus driver.

Jack: Excuse me. Does this bus go to Rainbow Mountain?

Bus driver: Yes, it does. But you'll need to cross the street and go in the other direction.

Jack: Oh, okay. Great. Thank you. How often does it run?

Bus driver: There are a lot of them. During rush hour, every 15 minutes or so. You might have to stand though. That route is quite busy.

Jack: Thank you. I appreciate your help.

Bus driver: No problem.

Check your Understanding

1. Is there a bus that goes to Rainbow Mountain?

2. Where can Jack catch the bus?

3. Is the bus busy during rush hour?

4. What happens when the bus is busy?

Answers

1. Yes, there is.

2. He has to cross the street.

3. Yes, it is.

4. You might have to stand instead of sitting if it's busy.

Jack quiere obtener información del conductor del autobús.

Jack: Disculpa. ¿Este autobús va a Rainbow Mountain?

Conductor del autobús: Sí, si va. Pero tendrás que cruzar la calle e ir en la otra dirección.

Jack: Oh, ok. Estupendo. Gracias. ¿Con qué frecuencia pasa?

Conductor del autobús: Hay muchos. En hora pico, cada 15 minutos más o menos. Aunque puede que tengas que ir de pie. Esa ruta es bastante concurrida.

Jack: Gracias. Agradezco tu ayuda.

Conductor del autobús: De nada.

Comprueba tu comprensión

1. ¿Hay algún autobús que vaya a Rainbow Mountain?

2. ¿Dónde puede Jack tomar el autobús?

3. ¿El autobús está full en hora pico?

4. ¿Qué ocurre cuando el autobús está full?

Respuestas

1. Sí, si hay

2. Él tiene que cruzar la calle.

3. Sí, lo está

4. Puede que si está full tengas que estar de pie en vez de sentado

#36: New Year's Resolutions

Cam and Barry are talking about their New Year's resolutions.

Cam: What's your New Year's resolution?

Barry: I want to eat out less. I eat out almost every day. I want to cut back to once a week.

Cam: That's a good one. It's so expensive these days.

Barry: Yes, it's a waste of money. What's yours?

Cam: I want to read more books. One a week!

Barry: That's a big goal.

Cam: I think I can do it. I really like reading. I just went to the library and got a stack of books.

Check your Understanding

1. What's Barry's New Year's resolution?
2. What is Cam's New Year's resolution?
3. Where will Cam get his books from?
4. What is one bad thing about eating out a lot?

Answers

1. He wants to eat out less.
2. He wants to read more.
3. It seems like he'll go to the library.
4. It's expensive.

Cam y Barry hablan de sus propósitos de Año Nuevo.

Cam: ¿Cuál es tu propósito de Año Nuevo?

Barry: Quiero salir menos a comer fuera de casa. Como fuera casi todos los días. Quiero reducirlo a una vez a la semana.

Cam: Eso es bueno. Es tan caro en estos días.

Barry: Sí, es una pérdida de dinero. ¿Cuál es el tuyo?

Cam: Quiero leer más libros. ¡Uno a la semana!

Barry: Ese es un gran objetivo.

Cam: Creo que puedo hacerlo. Realmente me gusta leer. Acabo de ir a la biblioteca y he tomado un montón de libros.

Comprueba tu comprensión

1. ¿Cuál es el propósito de Año Nuevo de Barry?
2. ¿Cuál es el propósito de Año Nuevo de Cam?
3. ¿De dónde sacará Cam sus libros?
4. ¿Qué tiene de malo comer bastante fuera de casa?

Respuestas

1. Él quiere comer menos fuera de casa.
2. Él quiere leer más.
3. Parece que irá a la biblioteca.
4. Es caro.

#37: Terrible Hangover

Toni isn't feeling well because she had too much to drink.

Jen: I'm bored! Let's go watch a movie.

Toni: Hey Jen, I'm not feeling well right now.

Jen: Oh no, what's wrong?

Toni: I know it's my fault, but I have a terrible hangover.

Jen: Why do you always drink so much? I hope you at least had a fun night. Do you need anything?

Toni: Could you grab me some aspirin, please?

Jen: Sure, I'll pick you up a bottle and stop by. Drink lots of water too, okay?

Check your Understanding

1. Does Toni regularly drink too much?

2. What is Jen going to bring Toni?

3. What does Jen want to do?

4. Did Toni have fun the previous night?

Answers

1. Yes, she does.

2. She's going to bring him some aspirin.

3. She wants to go to a movie with Toni.

4. There isn't enough information to answer this.

Toni no se encuentra bien porque ha bebido demasiado.

Jen: ¡Estoy aburrida! Vamos a ver una película.

Toni: Hola Jen, ahora mismo no me encuentro bien.

Jen: Oh no, ¿qué pasa?

Toni: Sé que es culpa mía, pero tengo una resaca terrible.

Jen: ¿Por qué siempre bebes tanto? Espero que al menos hayas pasado una noche divertida. ¿Necesitas algo?

Toni: ¿Podrías traerme una aspirina, por favor?

Jen: Claro, Te traeré una botella. Bebe también mucha agua, ¿Está bien?

Comprueba tu comprensión

1. ¿Toni bebe demasiado con regularidad?

2. ¿Qué le va a llevar Jen a Toni?

3. ¿Qué quiere hacer Jen?

4. ¿Toni se divirtió la noche anterior?

Respuestas

1. Sí, lo hace

2. Ella le va a llevar una aspirina.

3. Ella quiere ir al cine con Toni.

4. No hay suficiente información para responder a esta pregunta.

#38: Buying a Train Ticket

Jen is buying a train ticket.

Ticket agent: Where would you like to go?

Jen: Valencia, please.

Ticket agent: Okay, leaving now?

Jen: Yes, please.

Ticket agent: Regular seat?

Jen: No, deluxe if you have.

Ticket agent: Sure.

Jen: How much does that cost?

Ticket agent: €27 for deluxe, €20 for regular.

Jen: Okay. I'll go with deluxe.

Ticket agent: Okay, here's your ticket for the 8:15 train. You're at platform 7.

Check your Understanding

1. What kind of seat does Jen get?

2. Is the train leaving soon?

3. Where is she going?

Answers

1. She gets a deluxe seat.

2. Yes, it is.

3. She's going to Valencia.

Jen está comprando un billete de tren.

Taquillera: ¿Adónde le gustaría ir?

Jen: A Valencia, por favor.

Taquillera: Bien, ¿Se irá ahora?

Jen: Sí, por favor.

Taquillera: ¿Asiento normal?

Jen: No, de lujo si tiene.

Taquillera: Claro.

Jen: ¿Cuánto cuesta?

Taquillera: 27 euros el de lujo, 20 euros el normal.

Jen: Está bien. Me quedo con el de lujo.

Taquillera: Bien, aquí está tu billete para el tren de las 8:15. Está en el pasillo 7.

Comprueba tu comprensión

1.   ¿Qué tipo de asiento consigue Jen?

2.   ¿El tren saldrá pronto?

3.   ¿Adónde va ella?

Respuestas

1.   Ella consigue un asiento de lujo.

2.   Sí.

3.   Ella va a Valencia.

#39: At the Movie Theater

Matt is buying some tickets for a movie.

Ticket Agent: Hi, what would you like to see?

Matt: Batman.

Ticket agent: Okay. The 7:30 show?

Matt: Yes, please.

Ticket agent: For how many people?

Matt: Four.

Ticket agent: Okay, and where would you like to sit?

Matt: Somewhere near the back please, in the middle.

Ticket agent: Okay.

Matt: I'd like to get some snack combos. Can I pay for that here?

Ticket agent: No, you can order that at the concession.

Matt: Sure.

Ticket agent: Okay, here are your tickets. You're in theater 4 at 7:30.

Check your Understanding

1. How many people are going to the movie with Matt?

2. Where can you pay for snacks?

3. What's in a snack combo?

4. What movie are they seeing?

Answers

1. 3 other people.

2. At the concession.

3. It's not clear, but probably popcorn and a soda if they're at a movie theater.

4. Batman.

Matt está comprando unas entradas para una película.

Taquillera: Hola, ¿qué te gustaría ver?

Matt: Batman.

Taquillera: De acuerdo. ¿La función de las 7:30?

Matt: Sí, por favor.

Taquillera: ¿Para cuántas personas?

Matt: Cuatro.

Taquillera: Bien, ¿y dónde te gustaría sentarse?

Matt: Cerca de la parte de atrás, por favor, en el centro.

Taquillera: De acuerdo.

Matt: Me gustaría pedir unos bocadillos. ¿Puedo pagarlos aquí?

Taquillera: No, puedes pedirlo en la concesión.

Matt: Claro.

Taquillera: Bien, aquí están tus entradas. Estás en la sala 4 a las 7:30.

Comprueba tu comprensión

1.   ¿Cuántas personas van al cine con Matt?

2.   ¿Dónde se pueden pagar los bocadillos?

3.   ¿Cuál es el combo de aperitivos?

4.   ¿Qué película van a ver?

Respuestas

1.   Otras 3 personas.

2.   En la concesión.

3.   No está claro, pero si están en un cine probablemente palomitas y un refresco.

4.   Batman.

#40: Getting Ready for Christmas

Jen and Sabrina are talking about getting ready for Christmas.

Jen: Are you ready for Christmas?

Sabrina: Not really. The holiday season is always so busy at the hospital. I've been working lots of overtime shifts.

Jen: You'll have lots of money though.

Sabrina: Yes, but no time to spend it. I usually end up shopping on Christmas Eve. Are you ready?

Jen: I think so. I always shop really early for everything. And I've been doing lots of Christmas baking.

Sabrina: Your family is lucky to have you!

Jen: I hope they think so.

Check your Understanding

1. Why is Sabrina so busy?

2. What is one good thing about working so much overtime?

3. When does Sabrina usually go Christmas shopping?

4. Is Jen ready for Christmas?

Answers

1. She's busy because she's been working lots of overtime at her job.

2. One good thing about working overtime is the extra money.

3. She usually shops the night before Christmas (Christmas Eve).

4. Yes, she is.

Jen y Sabrina están hablando acerca de prepararse para la Navidad.

Jen: ¿Estás preparada para la Navidad?

Sabrina: La verdad es que no. Las fiestas son siempre muy ajetreadas en el hospital. He estado trabajando muchas horas extras.

Jen: Pero tendrás mucho dinero.

Sabrina: Sí, pero no tengo tiempo para gastarlo. Suelo terminar comprando en Nochebuena. ¿Estás preparada?

Jen: Creo que sí. Siempre compro todo bastante temprano. Y he estado horneando repostería navideña

Sabrina: ¡Tu familia tiene suerte de tenerte!

Jen: Espero que piensen lo mismo.

Comprueba tu comprensión

1. ¿Por qué Sabrina está tan ocupada?

2. ¿Qué tiene de bueno trabajar tantas horas extras?

3. ¿Cuándo suele ir Sabrina de compras navideñas?

4. ¿Jen está preparada para la Navidad?

Respuestas

1. Ella está ocupada porque ha estado trabajando muchas horas extras en su trabajo.

2. Una cosa buena de trabajar horas extras es el dinero extra.

3. Ella suele ir de compras la noche antes de Navidad (Nochebuena).

4. Sí, lo está.

#41: Checking in at the Airport

Bob and Gary are at the airport talking about where to check in for their flight.

Bob: Do you know where the check-in counter is?

Gary: I'm not sure. Let's check the board.

Bob: I see it. Flight 877. Counter 3.

Gary: Which way is that? This place is so big! I don't want to start walking in the wrong direction.

Bob: Hmm. Oh. There's 7, 8, and 9. It must be the other way.

Gary: Alright. Let's go! We're pretty late. Boarding is starting soon! Let's walk quickly.

Check Your Understanding

1. Which check-in counter do they have to go to?
2. How big is the airport?
3. Are they early?

Answers

1. They have to go to counter 3.
2. The airport is very big. There are at least nine check-in counters.
3. No, they don't have much time.

Bob y Gary están en el aeropuerto hablando sobre dónde chequear su vuelo.

Bob: ¿Sabes dónde está el mostrador de check-in?

Gary: No estoy seguro. Vamos a mirar la pizarra.

Bob: Lo veo. Vuelo 877. Mostrador 3.

Gary: ¿Por dónde es eso? ¡Este lugar es tan grande! No quiero empezar a caminar en la dirección equivocada.

Bob: Hmm. Oh. Está 7, 8, y 9. Debe ser en la otra dirección.

Gary: De acuerdo. ¡Vámonos! Llegamos bastante tarde. ¡El embarque empieza pronto! Caminemos rápido.

Comprueba tu comprensión

1.   ¿A qué mostrador de check-in deben dirigirse?

2.   ¿Cuán grande es el aeropuerto?

3.   ¿Están a tiempo?

Respuestas

1.   Tienen que ir al mostrador 3.

2.   El aeropuerto es muy grande. Hay al menos nueve mostradores de check-in.

3.   No, no tienen mucho tiempo.

#42: Under Pressure

Tim is talking to his friend Amy about his homework assignment.

Amy: Hey, do you want to catch a movie tonight, Tim?

Tim: Uggghhhh . . . I can't. I have to do this paper that's due tomorrow. It's 20 pages!

Amy: Oh no! Are you just starting now?

Tim: Yes, I haven't started yet. I work best under pressure.

Amy: Are you going to stay up all night?

Tim: Most likely, yes.

Amy: Why did you leave it so late?

Tim: I've always done it like this! Why start early, if you can do it at the last minute?

Check your Understanding

1. Why can't Tim go to a movie?

2. Will Tim sleep tonight?

3. Why does Tim leave things until the last minute?

4. How would you describe Tim?

Answers

1. He can't go because he has to write a paper for school.

2. Probably not.

3. He doesn't really say, but it's his usual style.

4. You could say that he's disorganized, lazy, or a procrastinator.

Tim está hablando con su amiga Amy sobre sus deberes.

Amy: Hola Tim, ¿quieres ir al cine esta noche?

Tim: Uggghhhh. . . No puedo. Tengo que hacer un trabajo para mañana. ¡Son 20 páginas!

Amy: ¡Oh, no! ¿Estás apenas empezando?

Tim: Sí, todavía no he empezado. Trabajo mejor bajo presión.

Amy: ¿Vas a quedarte despierto toda la noche?

Tim: Probablemente si

Amy: ¿Por qué lo dejaste para última hora?

Tim: ¡Siempre lo he hecho así! ¿Por qué empezar temprano si puedes hacerlo en el último minuto?

Comprueba tu comprensión

1. ¿Por qué Tim no puede ir al cine?

2. ¿Tim dormirá esta noche?

3. ¿Por qué Tim deja las cosas para el último minuto?

4. ¿Cómo describirías a Tim?

Respuestas

1. No puede ir porque tiene que escribir un trabajo para el colegio.

2. Probablemente no.

3. En realidad no lo dice, pero es su estilo habitual.

4. Se podría decir que es desorganizado, perezoso o procrastinador.

#43: It's so Rainy!

Tom and Jenny are talking about the weather.

Tom: I can't believe how much it's raining today!

Jenny: Yeah, my feet are soaking wet. I hate it. I didn't bring extra socks to work.

Tom: That's terrible. Did you see the forecast? Lots of sun next week.

Jenny: I'm already looking forward to it.

Tom: Same here. I was supposed to go hiking with my friend after work today, but we had to cancel. It would have been terrible.

Check your Understanding

1. Why are Jenny's feet wet?

2. How's the weather looking for next week?

3. Why did Tom cancel his plans for after work?

Answers

1. Her feet are wet because she was outside in the rain.

2. It looks much better—sunny.

3. He canceled his plans because it's too rainy.

Tom y Jenny están hablando del clima.

Tom: ¡No puedo creer lo mucho que llueve hoy!

Jenny: Sí, tengo los pies empapados. Lo odio. No traje medias extras al trabajo.

Tom: Eso es terrible. ¿Viste el pronóstico? Mucho sol la semana que viene.

Jenny: Ya lo estoy deseando.

Tom: Lo mismo digo. Se suponía que hoy iba de excursión con mi amigo después del trabajo, pero tuvimos que cancelarlo. Hubiera sido terrible.

Comprueba tu comprensión

1. ¿Por qué Jenny tiene los pies mojados?

2. ¿Qué tiempo hará la semana que viene?

3. ¿Por qué Tom canceló sus planes para después del trabajo?

Respuestas

1. Sus pies están mojados porque ella estuvo fuera bajo la lluvia.

2. Parece ser mucho mejor - soleado.

3. El canceló sus planes porque llueve demasiado.

#44: Playing Board Games

Carla and Jill are talking about playing some board games.

Carla: You like board games, right?

Jill: Yeah, most games. Why?

Carla: Do you want to come play some games this weekend? I'm thinking Saturday afternoon.

Jill: Definitely.

Carla: Great! We'll start around 1:30.

Jill: I'll be there for sure. Text me your address.

Carla: Sure. I'll do it later.

Jill: I'll bring a snack of some kind. Thanks for inviting me.

Carla: No problem!

Check your Understanding

1. What are they doing on Saturday afternoon?
2. Does Jill know where Carla lives?
3. What will Jill bring?

Answers

1. Playing some board games.
2. No, she doesn't.
3. She'll bring a snack.

Carla y Jill hablan de jugar algunos juegos de mesa.

Carla: Te gustan los juegos de mesa, ¿verdad?

Jill: Sí, la mayoría de los juegos. ¿Por qué?

Carla: ¿Quieres venir a jugar este fin de semana? Estoy pensando en el sábado por la tarde.

Jill: Por supuesto.

Carla: ¡Genial! Empezaremos alrededor de la 1:30.

Jill: Estaré allí seguro. Mándame un mensaje con tu dirección.

Carla: Claro. Lo haré más tarde.

Jill: Voy a llevar un aperitivo de algún tipo. Gracias por invitarme.

Carla: ¡Tranquila!

Comprueba tu comprensión

1.   ¿Qué van a hacer el sábado por la tarde?

2.   ¿Sabe Jill dónde vive Carla?

3.   ¿Qué va a llevar Jill?

Respuestas

1.   Jugar a algún juego de mesa.

2.   No, no sabe.

3.   Ella llevará algún bocadillo.

#45: Checking In at the Airport

Jenny is checking in at the airport.

Ticket agent: Can I see your passport, please?

Jenny: Sure

Ticket agent: Do you have any bags to check?

Jenny: Yes, just one.

Ticket agent: Okay, what's your final destination?

Jenny: Seoul.

Ticket agent: Please put your suitcase on the scale.

Jenny: Sure.

Ticket agent: Did you pack the bag yourself?

Jenny: Yes.

Ticket agent: Here's your ticket. You're boarding at gate 7. Please be there by 11:30.

Check your Understanding

1. Is Jenny bringing a suitcase with her?

2. Does the plane leave at 11:30?

3. Where is she going?

Answers

1. Yes, she is.

2. It leaves after that. She has to be at the gate by 11:30.

3. She's going to Seoul.

Jenny se está registrando en el aeropuerto.

Taquillera: ¿Puedo ver tu pasaporte, por favor?

Jenny: Claro

Taquillera: ¿Tienes alguna maleta que registrar?

Jenny: Sí, sólo una.

Taquillera: Bien, ¿cuál es tu destino final?

Jenny: Seúl.

Taquillera: Por favor, coloca tu maleta en la báscula.

Jenny: Claro.

Taquillera: ¿Tu misma hiciste la maleta?

Jenny: Sí.

Taquillera: Aquí tienes tu billete. Embarcarás por la puerta 7. Por favor, llega antes de las 11:30.

Comprueba tu comprensión

1. ¿Jenny lleva una maleta con ella?

2. ¿El avión sale a las 11:30?

3. ¿Adónde va ella?

Respuestas

1. Sí, la lleva.

2. Sale después. Ella tiene que estar en la puerta a las 11:30.

3. Ella va a ir a Seúl.

#46: On the Phone

Tommy wants to talk to Jim.

Tommy: Hi, could I please talk to Jim?

Receptionist: Jim Ford or Jim Smith?

Tommy: Jim Ford, please.

Receptionist: Okay, I'll put you through.

Tommy: Thank you.

Receptionist: He's not answering. Would you like to leave a message?

Tommy: Oh. Is he working today?

Receptionist: Yes, he is. He's probably on lunch right now. You could try again later?

Tommy: Sounds good. I'll do that.

Check your Understanding

1. Is Jim Ford in the office now?

2. Does Tom want to leave a message?

3. Does the receptionist know where Jim is?

Answers

1. No, he's not.

2. No, he'll try calling back later.

3. He guesses that Jim is on lunch, but he's not sure.

Tommy quiere hablar con Jim.

Tommy: Hola, ¿podría hablar con Jim, por favor?

Recepcionista: ¿Jim Ford o Jim Smith?

Tommy: Jim Ford, por favor.

Recepcionista: De acuerdo, te comunico.

Tommy: Gracias.

Recepcionista: Él no está contestando. ¿Te gustaría dejar un mensaje?

Tommy: Oh. ¿Está el trabajando hoy?

Recepcionista: Sí, lo está. El probablemente está almorzando ahora. ¿Podrías intentar más tarde?

Tommy: Me parece bien. Lo intentaré.

Comprueba tu comprensión

1. ¿Está Jim Ford ahora en la oficina?

2. ¿Quiere Tom dejar un mensaje?

3. ¿Sabe el recepcionista dónde está Jim?

Respuestas

1. No, no lo está

2. No, él intentará llamar más tarde.

3. Él supone que Jim está almorzando, pero él no está seguro.

#48: Camping

Carrie is talking to Tim about camping.

Tim: Did you get up to anything fun this weekend?

Carrie: Yeah, I went camping with my family.

Tim: Nice! Where did you go?

Carrie: We went to a place on the Baltic Coast. Our campsite was right on the ocean.

Tim: That sounds fun. I've always wanted to go there, but it's difficult to get a campsite.

Carrie: I know. We got lucky. And the weather was so nice as well.

Check your Understanding

1. What did Carrie do this past weekend?
2. Why do you think it's difficult to book a campsite on the Baltic Coast?
3. How was the weather this past weekend?

Answers

1. She went camping with her family.
2. It's probably difficult to get a site because it's right by the ocean.
3. It was really good.

Carrie está hablando con Tim sobre acampar.

Tim: ¿Hiciste algo divertido este fin de semana?

Carrie: Sí, me fui de acampada con mi familia.

Tim: ¡Qué bien! ¿Adónde fueron?

Carrie: Fuimos a la costa del Báltico. Nuestro camping estaba justo en el océano.

Tim: Eso suena divertido. Siempre he querido ir allí, pero es difícil conseguir un camping.

Carrie: Lo sé. Tuvimos suerte. Y el clima fue tan agradable también.

Comprueba tu comprensión

1. ¿Qué hizo Carrie el fin de semana pasado?

2. ¿Por qué crees que es difícil reservar un camping en la costa báltica?

3. ¿Cómo estuvo el tiempo el fin de semana pasado?

Respuestas

1. Ella se fue de camping con su familia.

2. Probablemente sea difícil conseguir un sitio porque está justo al lado del mar.

3. Estuvo bastante bien.

#49: At Immigration

Jeremy is going through immigration at the airport in Lima.

Immigration agent: Please show me your passport.

Jeremy: Okay.

Immigration agent: What's the purpose of your visit?

Jeremy: I'm visiting my friend.

Immigration agent: How long are you staying?

Jeremy: 3 weeks.

Immigration agent: What's the address?

Jeremy: Oh. . . just a second. I'll look on my phone. Okay, it's 123 Smith Street.

Immigration agent: Do you have a return ticket?

Jeremy: Yes, I do.

Immigration agent: Alright, your visa is good for one month.

Jeremy: Okay. Thank you.

Check your Understanding

1. Why is Jeremy going to Lisbon?

2. How long is he staying?

3. Does he need a visa?

Answers

1. He's visiting a friend.

2. He's staying for 3 weeks.

3. Yes, he does. He got a 1-month visa.

Jeremy pasa por inmigración en el aeropuerto de Lima

Agente de inmigración: Por favor, muéstrame tu pasaporte.

Jeremy: Está bien.

Agente de inmigración: ¿Cuál es el motivo de tu visita?

Jeremy: Voy a visitar a un amigo.

Agente de inmigración: ¿Cuánto tiempo te vas a quedar?

Jeremy: 3 semanas.

Agente de inmigración: ¿Cuál es la dirección?

Jeremy: Oh… un segundo. Miraré en mi teléfono. Ok, es 123 Smith Street.

Agente de inmigración: ¿Tienes billete de vuelta?

Jeremy: Sí, lo tengo.

Agente de inmigración: De acuerdo, tu visado es válido por un mes.

Jeremy: De acuerdo. Gracias.

Comprueba tu comprensión

1. ¿Por qué Jeremy irá a Lima?

2. ¿Cuánto tiempo se va a quedar?

3. ¿Necesita visado?

Respuestas

1. Él va a visitar a un amigo.

2. Él se va a quedar 3 semanas.

3. Sí. Tiene un visado de 1 mes.

#50: Please Look After My Cats

Doug is asking Sandra to look after his cats while he's on vacation.

Doug: Can you please look after my cats while I go camping?

Sandra: Sure, which days?

Doug: July 19-22nd.

Sandra. No problem. What do I have to do?

Doug: Could you stop by every day to give them some food and clean their litter box?

Sandra: Sure.

Doug: They'd love it if you played with them and gave them some cuddles too. They get lonely when I'm not home.

Sandra: I can do that too. I love cats. I'm excited about doing it!

Check your Understanding

1. What does Sandra have to do?

2. Do you think the cats are friendly?

3. Is Sandra annoyed at having to do this?

4. How many days does she have to look after the cats for?

Answers

1. She has to look after Doug's cats while he's on vacation.

2. Yes, they probably are because they like to cuddle.

3. No, she's happy to do it because she really likes cats.

4. She has to look after the cats for 4 days.

Doug le pide a Sandra que cuide de sus gatos mientras él está de vacaciones.

Doug: ¿Puedes por favor cuidar de mis gatos mientras estoy de camping?

Sandra: Claro, ¿qué días?

Doug: Del 19 al 22 de julio.

Sandra: No hay problema. ¿Qué tengo que hacer?

Doug: ¿Podrías pasarte todos los días para darles algo de comida y limpiarles la caja de arena?

Sandra: Claro.

Doug: Les encantaría que jugaras con ellos y les dieras mimos también. Se sienten solos cuando no estoy en casa.

Sandra: También puedo hacer eso. Me encantan los gatos. ¡Me encantaría hacerlo!

Comprueba tu comprensión

1. ¿Qué tiene que hacer Sandra?

2. ¿Crees que los gatos son simpáticos?

3. ¿A Sandra le molesta tener que hacer esto?

4. ¿Cuántos días tiene que cuidar de los gatos?

Respuestas

1. Ella tiene que cuidar de los gatos de Doug mientras él está de vacaciones.

2. Sí, probablemente porque les gusta acurrucarse.

3. No, ella está feliz de hacerlo porque le gustan mucho los gatos.

4. Ella tiene que cuidar de los gatos durante 4 días.

#51: Asking for Directions

Jim is lost and needs directions.

Jim: Excuse me. Do you know where Luigi's restaurant is?

Matt: I've never heard of it. What's the address?

Jim: It's on the corner of 10th Avenue and 7th Street.

Matt: Oh, it must be right next to the Starbucks. You're pretty close. Go down this street for about 2 blocks, and then you'll see it on your left.

Jim: Thanks for your help!

Matt: No problem at all.

Check Your Understanding

1. Where is Jim going?

2. What is the restaurant next to?

3. How far away is the restaurant?

4. How do Jim and Matt know each other?

Answers

1. He's going to Luigi's.

2. The restaurant is next to a Starbucks.

3. The restaurant is two blocks away.

4. They don't know each other. Matt is likely just some guy on the street that Jim saw.

Jim está perdido y necesita direcciones.

Jim: Disculpa. ¿Sabes dónde está el restaurante Luigi's?

Matt: Nunca he oído hablar de él. ¿Cuál es la dirección?

Jim: Está en la esquina de la avenida 10 con la calle 7.

Matt: Oh, debe de estar justo al lado del Starbucks. Estás bastante cerca. Sigue por esta calle unas dos cuadras y lo verás a tu izquierda.

Jim: ¡Gracias por tu ayuda!

Matt: De nada.

Comprueba tu comprensión

1. ¿Adónde va Jim?
2. ¿Qué restaurante está al lado?
3. ¿A qué distancia está el restaurante?
4. ¿Cómo se conocen Jim y Matt?

Respuestas

1. Él va a ir a Luigi's.
2. El restaurante está al lado de un Starbucks.
3. El restaurante está a dos manzanas de distancia.
4. No se conocen. Es probable que Matt sea sólo un tipo de la calle que Jim vio.

#52: For Fun

Bob and Keith are getting to know each other on a blind date.

Bob: So what do you like to do for fun?

Keith: Well, I spend as much time out of doors as possible. I'm always hiking or kayaking. I also do overnight cycle tours. And I love to travel as well.

Bob: Oh, do you have a trip planned?

Keith: I'm going on a trip next month to Argentina and Peru. I'm so excited about it.

Bob: That sounds amazing!

Keith: Enough about me though. What do you like to do for fun?

Bob: I like inside activities like watching movies or cooking.

Check your Understanding

1. Who do you think watches more TV?

2. What does Keith do for fun?

3. Does Keith have a vacation coming up soon?

4. Do you think Bob and Keith will start dating?

Answers

1. Bob likely watches more TV. He likes inside activities like movies.

2. He likes hiking, kayaking, cycling, and traveling.

3. Yes, he's going to Peru and Argentina next month.

4. Maybe not. They seem very different.

Bob y Keith se están conociendo en una cita a ciegas.

Bob: ¿Qué te gusta hacer para divertirte?

Keith: Bueno, paso todo el tiempo que puedo al aire libre. Siempre estoy haciendo senderismo o kayak. También hago excursiones nocturnas en bicicleta. También me encanta viajar.

Bob: Oh, ¿Tienes algún viaje planeado?

Keith: Me voy de viaje el mes que viene a Argentina y Perú. Estoy muy emocionada.

Bob: ¡Suena increíble!

Keith: Pero ya basta de hablar de mí. ¿Qué te gusta hacer para divertirte?

Bob: Me gustan las actividades en el interior, como ver películas o cocinar.

Comprueba tu comprensión

1. ¿Quién crees que ve más televisión?

2. ¿Qué hace Keith para divertirse?

3. ¿Keith tendrá vacaciones pronto?

4. ¿Crees que Bob y Keith empezarán a salir?

Respuestas

1. Es probable que Bob vea más la televisión. Le gustan las actividades en el interior, como el cine.

2. Le gusta el senderismo, el kayak, el ciclismo y viajar.

3. Sí, él va a ir a Perú y Argentina el mes que viene.

4. Puede que no. Parecen muy diferentes.

#53: Slow Down

Sam is driving too quickly.

Hank: Hey, slow down! You're driving so fast.

Sam: It's fine. Just relax. I'm a good driver.

Hank: I feel scared. Please slow down.

Sam: Stop worrying so much. This is how I drive all the time.

Hank: Please pull over. I want to get out.

Sam: How are you going to get home?

Hank: I'll take the bus.

Sam: Okay, okay. I'll drive like a grandma. Stop worrying.

Check your Understanding

1. How is Hank feeling? Why?

2. Why does Hank want Sam to pull over?

3. What does Hank want to do?

4. Does Sam agree to slow down?

Answers

1. He's feeling scared because Sam is driving too fast.

2. He wants him to pull over so he can get out.

3. He wants to take the bus instead of driving with Sam.

4. Yes, he agrees to drive more slowly (like a grandma!)

Sam está conduciendo demasiado rápido.

Hank: ¡Eh, más despacio! Estás conduciendo muy rápido.

Sam: Está bien. Relájate. Soy un buen conductor.

Hank: Tengo miedo. Por favor, baja la velocidad.

Sam: Deja de preocuparte tanto. Así es como conduzco siempre.

Hank: Por favor, para. Quiero salir.

Sam: ¿Cómo vas a volver a casa?

Hank: Tomaré el autobús.

Sam: Vale, vale. Conduciré como una abuela. Deja de preocuparte.

Comprueba tu comprensión

1. ¿Cómo se siente Hank? ¿Por qué?
2. ¿Por qué Hank quiere que Sam pare?
3. ¿Qué quiere hacer Hank?
4. ¿Sam acepta reducir la velocidad?

Respuestas

1. Él está asustado porque Sam conduce demasiado rápido.
2. Él quiere que pare para poder salir.
3. Él quiere tomar el autobús en lugar de conducir con Sam.
4. Sí, él acepta conducir más despacio (¡como una abuela!)

#54: Checking in at a Hotel

Tom is checking into a hotel.

Tom*:* Hi, I'd like to check in, please.

Hotel clerk*:* Sure, do you have a reservation?

Tom*:* Yes, it's under Tom Smith.

Hotel clerk*:* Okay, let me check. Oh, there it is.

Tom*:* Great.

Hotel clerk*:* Here's your key. It's room 403. Do you need an extra one?

Tom*:* No, I don't.

Hotel clerk: Okay. And here are your vouchers for breakfast in the restaurant. It's served between 7:00 and 10:30. Enjoy your stay.

Check your Understanding

1. Does Tom have a reservation at the hotel?

2. Is breakfast included?

3. How many keys does Tom need?

Answers

1. Yes, he does.

2. Yes, it is.

3. He only needs one key.

Tom se está registrando en un hotel.

Tom: Hola, me gustaría registrarme, por favor.

Empleado del hotel: Claro, ¿tienes una reserva?

Tom: Sí, está a nombre de Tom Smith.

Empleado del hotel: Vale, déjeme revisar. Oh, ahí está.

Tom: Genial.

Empleado del hotel: Aquí está su llave. Es la habitación 403. ¿Necesita una extra?

Tom: No, no la necesito.

Empleado del hotel: De acuerdo. Y aquí tiene sus vales para el desayuno en el restaurante. Se sirve entre las 7:00 y las 10:30. ¡Disfrute de su estancia!

Comprueba tu comprensión

1. ¿Tom tiene una reserva en el hotel?

2. ¿El desayuno está incluido?

3. ¿Cuántas llaves necesita Tom?

Respuestas

1. Sí.

2. Sí, lo está.

3. El sólo necesita una llave.

#55: Where's your Store?

Mary is on the phone with a store employee to ask for directions.

Mary: Hi, I'm trying to get to your store but I'm a bit confused.

Clerk: Okay. Where are you now?

Mary: I came to the correct address on Google Maps but I don't see your place.

Clerk: Sure. We're actually inside the grocery store. Do you see it?

Mary: Yes, I'm right in front of it.

Clerk: Come into the store and we're at the back, on the left.

Mary: Perfect. Thank you.

Check Your Understanding

1. Why is Mary calling the store?

2. Why can't Mary find the store?

3. Is the stop at the front or back of the grocery store?

4. What does Mary want to buy?

Answers

1. She's calling because she can't find the store.

2. She can't find the store because it's inside the grocery store.

3. The shop is at the back of the grocery store.

4. We don't have any information about this.

Mary está hablando por teléfono con un empleado de la tienda para preguntarle cómo llegar.

María: Hola, estoy intentando llegar a tu tienda, pero estoy un poco confundida.

Empleado: Vale. ¿Dónde te encuentras ahora?

María: Llegué a la dirección correcta en Google Maps pero no veo tu local.

Empleado: Claro. En realidad, estamos dentro del supermercado. ¿Lo ves?

María: Sí, estoy justo enfrente.

Empleado: Entra en la tienda y estamos al fondo, a la izquierda.

María: Perfecto. Gracias.

Comprueba tu comprensión

1. ¿Por qué María llama a la tienda?
2. ¿Por qué María no encuentra la tienda?
3. ¿La tienda está en la parte delantera o trasera del supermercado?
4. ¿Qué quiere comprar María?

Respuestas

1. Llama porque no encuentra la tienda.
2. Ella no puede encontrar la tienda porque está dentro del supermercado.
3. La tienda está en la parte trasera del supermercado.
4. No tenemos ninguna información al respecto.

#56: Big Trouble at School

A teacher is calling Bob about his son.

Teacher: Hi, Bob? This is Ethan's teacher, Ms. Bolen.

Bob: Oh, hello. Is everything okay?

Teacher: Not really. Ethan just punched a child during recess and broke his nose. You'll have to come pick him up.

Bob: Oh no. I'm so sorry. I'll be there in 15 minutes.

Teacher: He'll be waiting at the main office. You'll have to talk to the principal before you go home.

Bob: Okay. I'm so sorry about this. I don't know what's up with Ethan these days.

Teacher: Please talk to the principal and get this all sorted out.

Check Your Understanding

1. Who is Ethan?

2. Why is Ethan in trouble?

3. What's going to happen to Ethan?

4. Is Ethan doing well lately?

Answers

1. Ethan is Bob's son.

2. Ethan is in trouble because he punched another child.

3. It's unclear. Bob has to talk to the principal.

4. It doesn't seem like it.

Una profesora llama a Bob para hablar de su hijo.

Profesora: Hola, ¿Bob? Soy la profesora de Ethan, la Sra. Bolen.

Bob: Oh, hola. ¿Está todo bien?

Profesora: La verdad es que no. Ethan acaba de darle un golpe a un niño durante el recreo y le rompió su nariz. Tendrá que venir a recogerlo.

Bob: Oh no. Lo siento mucho. Estaré allí en 15 minutos.

Profesora: Estará esperando en la oficina principal. Tendrás que hablar con el director antes de irte a casa.

Bob: Ok. Lo siento mucho. No sé qué le pasa a Ethan estos días.

Profesora: Por favor habla con el director y arregla todo esto.

Comprueba tu comprensión

1. ¿Quién es Ethan?

2. ¿Por qué Ethan tiene problemas?

3. ¿Qué le va a pasar a Ethan?

4. ¿A Ethan le va bien últimamente?

Respuestas

1. Ethan es el hijo de Bob.

2. Ethan está en problemas porque le dio un golpe a otro niño.

3. No está claro. Bob tiene que hablar con el director.

4. No lo parece.

#57: I Have to Cancel

Cindy has to cancel her plans with Tina.

Cindy: Tina. I have to cancel for tonight. Bobby is sick and Andy has to work tonight.

Tina: No worries. Let's hang out next week when he's feeling better.

Cindy: I'm really sorry. I was looking forward to having dinner with you.

Tina: Me too. But I totally understand. Let's try next Tuesday.

Cindy: That should work. Let's text in a few days to organize everything.

Tina: Okay.

Check your Understanding

1. Are Cindy and Tina going to hang out tonight?
2. Is Tina annoyed at Cindy?
3. Who are Bobby and Andy?

Answers

1. No, they aren't.
2. No, she isn't.
3. Bobby is likely Cindy's son, and Andy might be her boyfriend or husband.

Cindy tiene que cancelar sus planes con Tina.

Cindy: Tina. Tengo que cancelar lo de esta noche. Bobby está enfermo y Andy tiene que trabajar esta noche.

Tina: No te preocupes. Quedemos para la semana que viene cuando se encuentre mejor.

Cindy: Lo siento mucho. Tenía muchas ganas de cenar contigo.

Tina: Yo también. Pero lo entiendo perfectamente. Intentémoslo el martes que viene.

Cindy: Eso debería funcionar. Mandémonos un mensaje dentro de unos días para organizarlo todo.

Tina: Está bien.

Comprueba tu comprensión

1. ¿Cindy y Tina van a salir esta noche?
2. ¿Tina está enfadada con Cindy?
3. ¿Quiénes son Bobby y Andy?

Respuestas

1. No, no van a salir
2. No, no lo está
3. Bobby es probablemente el hijo de Cindy, y Andy podría ser su novio o esposo.

#58: New Glasses

Kara is talking to Beverly about her new glasses.

Kara: Beverly, did you get new glasses? You look different.

Beverly: Yeah, I did. Do you like them?

Kara: They're really cool. You look younger.

Beverly: I'm happy you like them. Plus, I can see better as well which is important too!

Kara: Haha! Yes, getting old, right?

Beverly: I know. It's tough.

Kara: Where did you get them? I need a new pair myself.

Beverly: At ABC Optical in New Town Center. They're having a sale. Buy 1 pair, get 1 for free.

Check your Understanding

1. Why does Beverly look different?
2. Does Kara like the new glasses?
3. Why does Beverly recommend ABC Optical?
4. Why do they need glasses?

Answers

1. She looks different because she got new glasses.
2. Yes, she likes them.
3. She recommends them because they're having a buy 1, get 1 free sale.
4. Because they're getting old!

Kara está hablando con Beverly sobre sus nuevos lentes.

Kara: Beverly, ¿te has comprado lentes nuevos? Te ves diferente.

Beverly: Sí, me los compré. ¿Te gustan?

Kara: Son realmente geniales. Te ves más joven.

Beverly: Me alegro de que te gusten. Además, puedo ver mejor, ¡que también es importante!

Kara: ¡Jaja! Sí, envejeciendo, ¿verdad?

Beverly: Lo sé. Es duro.

Kara: ¿Dónde los has conseguido? Yo también necesito un par nuevo.

Beverly: En Óptica ABC en New Town Center. Están de oferta. Compra un par y te llevas otro gratis.

Comprueba tu comprensión

1. ¿Por qué Beverly tiene un aspecto diferente?
2. ¿A Kara le gustan los nuevos lentes?
3. ¿Por qué Beverly recomienda la Óptica ABC?
4. ¿Por qué necesitan lentes?

Respuestas

1. Ella se ve diferente porque tiene lentes nuevos.
2. Sí, le gustan.
3. Ella la recomienda porque están de oferta, compra 1 y ten 1 gratis
4. ¡Porque están envejeciendo!

#59: Deciding How to Get Somewhere

Bob and Keith are talking about how to get downtown for a concert.

Keith: Where's the concert? And, it's at 8:30, right?

Bob: It's at The Orpheum, downtown. It starts at 9:00 actually.

Keith: Parking is so expensive downtown. What about taking the subway there instead of driving?

Bob: That's good for getting there, but it stops running at 11:30 I think. We might have to take a taxi home.

Keith: That's fine with me. It'll be about 20€ each. It's still cheaper than paying for parking.

Check Your Understanding

1. What time does the concert start?
2. How are they getting there? Why?
3. How are they getting home? Why?
4. Which concert is it?

Answers

1. The concert starts at 9:00.
2. They are taking the subway because parking is expensive.
3. They are taking a taxi home because it'll be too late to take the subway.
4. There is no information about this.

Bob y Keith están hablando de cómo llegar al centro para un concierto.

Keith: ¿Dónde es el concierto? Y, es a las 8:30, ¿verdad?

Bob: Es en el Orpheum, en el centro. Empieza a las 9:00 en realidad.

Keith: El aparcamiento es muy caro en el centro. ¿Y si tomamos el metro en vez de ir en coche?

Bob: Eso está bien para llegar hasta allí, pero deja de funcionar a las 11:30 creo. Tendremos que tomar un taxi para volver a casa.

Keith: Me parece bien. Serán unos 20 Euros para cada uno. Sigue siendo más barato que pagar el aparcamiento.

Comprueba tu comprensión

1. ¿A qué hora empieza el concierto?
2. ¿Cómo van a llegar hasta allí? ¿Por qué?
3. ¿Cómo volverán a casa? ¿Por qué?
4. ¿Qué concierto es?

Respuestas

1. El concierto empieza a las 9:00.
2. Van a tomar el metro porque el estacionamiento es caro.
3. Van a tomar un taxi a casa porque será demasiado tarde para tomar el metro.
4. No hay información al respecto.

#60: Ordering at a Restaurant

Sam is ordering some food and a drink.

Waitress: Hi, can I get you something to drink?

Sam: I'd love a glass of white wine, and I'm ready to order too.

Waitress: Sure, what would you like?

Sam: I'll have the lasagna, please.

Waitress: Okay, that's a great choice.

Sam: I hope so! Oh, and a glass of water.

Waiter: Sure. I'll be right back with those drinks.

Sam: Thanks.

Check your Understanding

1. What does Sam want to drink?

2. What does he want to eat?

3. Is Sam alone?

Answers

1. He wants some white wine and water.

2. He wants the lasagna.

3. It's unclear. He might be.

Sam pide comida y bebida.

Camarera: Hola, ¿puedo ofrecerte algo de tomar?

Sam: Me encantaría una copa de vino blanco, y también estoy listo para pedir.

Camarera: Claro, ¿qué te gustaría?

Sam: Iré por la lasaña, por favor.

Camarera: Muy bien, es una gran elección.

Sam: ¡Eso espero! Ah, y un vaso de agua.

Camarera: Claro, enseguida vuelvo con esas bebidas.

Sam: Gracias.

Comprueba tu comprensión

1. ¿Qué quiere Sam de beber?

2. ¿Qué quiere comer?

3. ¿Está Sam solo?

Respuestas

1. Él quiere vino blanco y agua.

2. Él quiere la lasaña.

3. No está claro. Puede ser.

#61: Sushi for Dinner

Tim is ordering some sushi.

Tim: Hi, can I put in an order for 12:00, please?

Waiter: Sure, for pick-up?

Tim: Yes, please.

Waiter: What would you like?

Tim: 1 combo B and 1 vegetarian combo.

Waiter: Okay. Would you like miso soup with that?

Tim: Is it included?

Waiter: No, it's not.

Tim: No, thank you.

Waiter: Okay, what's your name and phone number?

Tim: Tim. 778-385-2821.

Check your Understanding

1. Is Tim getting the sushi delivered?

2. What is Tim ordering?

3. How many people are eating sushi?

Answers

1. No, he's picking it up.

2. He's getting two combos.

3. Probably two, but it's unclear.

Tim está pidiendo sushi.

Tim: Hola, ¿puedo hacer un pedido para las 12:00, por favor?

Camarero: Claro, ¿para recoger?

Tim: Sí, por favor.

Camarero: ¿Qué te gustaría?

Tim: 1 combo B y 1 combo vegetariano.

Camarero: Muy bien. ¿Te gustaría sopa de miso con eso?

Tim: ¿Está incluida?

Camarero: No, no está incluida.

Tim: No, gracias.

Camarero: Está bien, ¿cuál es tu nombre y número de teléfono?

Tim: Tim. 778-385-2821.

Comprueba tu comprensión

1. ¿A Tim le van a entregar el sushi?

2. ¿Qué ordena Tim?

3. ¿Cuántas personas están comiendo sushi?

Respuestas

1. No, él lo va a recoger

2. Está pidiendo dos combos.

3. Probablemente dos, pero no está claro.

#62: Cancelling an Appointment

Tom would like to cancel his dentist appointment.

Tom: Hi, I'd like to cancel my appointment, please.

Clerk: Sure, what's the name?

Tom: Tom Waits.

Clerk: Let me see. It's tomorrow at 9:00?

Tom: Correct.

Clerk: We have a 50€ cancellation fee for less than 24 hours notice.

Tom: Really? Why?

Clerk: Sorry, that's our policy. Would you like to reschedule?

Tom: No. I'm going to find a new dentist.

Check your Understanding

1. Why does Tom have to pay 50€?

2. Does he want to reschedule?

3. Why does he want to cancel his appointment?

4. How does Tom feel?

Answers

1. He has to pay 50€ for cancelling within 24 hours.

2. No, he doesn't.

3. We don't know why he wants to cancel it.

4. He may feel annoyed or angry at having to pay 50€.

Tom le gustaría anular su cita con el dentista.

Tom: Hola, quisiera anular mi cita, por favor.

Secretaria: Claro, ¿cómo te llamas?

Tom: Tom Waits.

Secretaria: Déjeme ver. ¿Es mañana a las 9:00?

Tom: Correcto.

Secretaria: Tenemos una tasa de cancelación de 50 Euros por avisar con menos de 24 horas de antelación.

Tom: ¿En serio? ¿Por qué?

Secretaria: Lo siento, es nuestra política. ¿Te gustaría reagendar?

Tom: No. Voy a buscar un nuevo dentista.

Comprueba tu comprensión

1. ¿Por qué Tom tiene que pagar 50 Euros?

2. ¿Quiere reagendar?

3. ¿Por qué quiere cancelar su cita?

4. ¿Cómo se siente Tom?

Respuestas

1. Él tiene que pagar 50 Euros por cancelar antes de 24 horas.

2. No, no quiere.

3. No sabemos por qué quiere cancelarla.

4. Puede sentirse molesto o enfadado por tener que pagar 50 Euros.

#63: Ordering Chinese Food

Ken and Lana are talking about getting Chinese food for dinner.

Ken: Let's get some Chinese food for dinner tonight.

Lana: Sure, what about Wok Dragon? That place is delicious and cheap.

Ken: Yes, I like their sweet & sour chicken balls. The fried rice is good too.

Lana: I want the broccoli and tofu stir-fry.

Ken: Do you want to call, and I'll go pick it up?

Lana: Don't they deliver for free if you live as close as we do?

Ken: Oh, maybe.

Lana: I'll ask when I order.

Ken: Sure.

Check your Understanding

1. Why do they like the Wok Dragon?

2. What's Lana's favorite dish there?

3. Will they pick up the food or get it delivered?

4. How many things will they order?

Answers

1. They like it because it's delicious and cheap.

2. She likes the broccoli and tofu stir-fry.

3. We don't know yet. Lana is going to ask if they have free delivery.

4. They'll probably order 3 things.

Ken y Lana están hablando de pedir comida china para cenar.

Ken: Vamos a cenar comida china esta noche.

Lana: Claro, ¿qué tal Wok Dragon? Ese sitio es delicioso y barato.

Ken: Sí, me gustan sus albóndigas de pollo agridulce. El arroz frito también es bueno.

Lana: Yo quiero el salteado de brócoli y tofu.

Ken: ¿Quieres llamar y yo voy a recogerlo?

Lana: ¿No hacen entrega gratuita a domicilio si vives tan cerca como nosotros?

Ken: Puede ser.

Lana: Preguntaré cuando haga el pedido.

Ken: Claro.

Comprueba tu comprensión

1. ¿Por qué les gusta Wok Dragon?
2. ¿Cuál es el plato favorito de Lana?
3. ¿Recogerán la comida o la pedirán a domicilio?
4. ¿Cuántas cosas ordenarán?

Respuestas

1. Les gusta porque es delicioso y barato.
2. Le gusta el salteado de brócoli y tofu.
3. Aún no lo sabemos. Lana va a preguntar si tienen entrega gratuita.
4. Probablemente pedirán 3 cosas.

#64: Traffic Jam

Lucy and Warren are commuting to work together.

Lucy: I can't believe traffic is so bad!

Warren: I know. It's busier than normal. I wonder what's up.

Lucy: Maybe there's an accident. I'll check Google Maps and see what it says.

Warren: Sure.

Lucy: Oh no! There are two accidents up ahead. It'll take us another hour to get to work. We'll both be late for sure.

Warren: I don't want to rush. No sense getting into an accident.

Lucy: Let me text our bosses to let them know. You focus on driving.

Check Your Understanding

1. Who is driving?

2. Why are they going to be late?

3. Why is Lucy going to text her boss?

Answers

1. Warren is driving.

2. They are going to be late because there are two accidents.

3. She is going to text her boss to let her know she'll be late.

Lucy y Warren van juntos al trabajo.

Lucy: ¡No puedo creer que el tráfico esté tan mal!

Warren: Lo sé. Hay más tráfico de lo normal. Me pregunto qué pasa.

Lucy: Quizá haya un accidente. Miraré en Google Maps a ver qué dice.

Warren: Claro.

Lucy: ¡Oh no! Hay dos accidentes más adelante. Tardaremos otra hora en llegar al trabajo. Seguro que los dos llegaremos tarde.

Warren: No quiero apresurarme. No tiene sentido tener un accidente.

Lucy: Déjame mandar un mensaje a nuestros jefes para avisarles. Tú concéntrate en conducir.

Comprueba tu comprensión

1. ¿Quién está conduciendo?
2. ¿Por qué van a llegar tarde?
3. ¿Por qué Lucy enviará un mensaje de texto a su jefe?

Respuestas

1. Warren está conduciendo.
2. Ellos van a llegar tarde porque hay dos accidentes.
3. Ella enviará un mensaje de texto a su jefe para avisarle de que va a llegar tarde.

#65: Getting a Refund

Tom would like to get his money back for a t-shirt he bought.

Tom: I'd like to exchange this t-shirt.

Clerk: Is there anything wrong with it?

Tom: Oh no. I bought it for my daughter, but she doesn't like it.

Clerk: Okay, I see. Do you have the receipt?

Tom: Yes, right here.

Clerk: Okay, would you like a refund or would you like to exchange it?

Tom: A refund, please.

Clerk: Do you have the credit card you bought it with?

Tom: Yes, I do. Right here.

Check your Understanding

1. Why is Tom returning the shirt?

2. How did Tom pay for the t-shirt?

3. Does Tom want his money back?

Answers

1. He is returning the shirt because his daughter didn't like it.

2. He paid with a credit card.

3. Yes, he does.

Tom quiere que le devuelvan el dinero de una camiseta que compró.

Tom: Me gustaría cambiar esta camiseta.

Empleado: ¿Hay algo malo con ella?

Tom: Oh, no. La compré para mi hija, pero no le gusta.

Empleado: Ok, ya veo. ¿Tienes el recibo?

Tom: Sí, aquí mismo.

Empleado: Bien, ¿te gustaría un reembolso o te gustaría cambiarla?

Tom: Un reembolso, por favor.

Empleado: ¿Tienes la tarjeta de crédito con la que la compraste?

Tom: Sí, la tengo. Aquí mismo.

Comprueba tu comprensión

1. ¿Por qué Tom devuelve la camiseta?

2. ¿Cómo pagó Tom la camiseta?

3. ¿Quiere Tom que le devuelvan el dinero?

Respuestas

1. Devuelve la camiseta porque a su hija no le gustó.

2. Él pagó con una tarjeta de crédito.

3. Sí, lo quiere

#66: Playing Monopoly

Mandy and Todd are playing Monopoly.

Mandy: Hey, stop cheating Todd. We're just playing for fun.

Todd: I'm not cheating. What are you talking about?

Mandy: You keep taking extra money from the bank.

Todd: No, I don't.

Mandy: Todd! I saw you. You were supposed to take $200, but you took a $500 bill.

Todd: I don't know what you're talking about.

Mandy: I quit. I don't want to play with a cheater.

Check your Understanding

1. What is Todd doing?

2. Is Mandy angry?

3. Why doesn't Mandy want to play anymore?

Answers

1. He's cheating by taking extra money from the bank.

2. Yes, she seems angry and annoyed.

3. She doesn't want to play because Todd keeps cheating, and he won't admit it.

Mandy: Hey, deja de hacer trampa Todd. Sólo estamos jugando para divertirnos.

Todd: No estoy haciendo trampa. ¿De qué estás hablando?

Mandy: Sigues tomando dinero extra del banco.

Todd: No, no lo hago.

Mandy: ¡Todd! Te he visto. Se suponía que tenías que tomar 200 Euros, pero tomaste un billete de 500 Euros.

Todd: No sé de qué estás hablando.

Mandy: Renuncio. No quiero jugar con un tramposo.

Comprueba tu comprensión

1. ¿Qué está haciendo Todd?

2. ¿Mandy está enfadada?

3. ¿Por qué Mandy ya no quiere jugar?

Respuestas

1. Hace trampas sacando dinero extra del banco.

2. Sí, parece enfadada y molesta.

3. Ella no quiere jugar porque Todd sigue haciendo trampas y él no lo admite.

#67: Taking a Taxi

Jenny is talking to a taxi driver about going to the airport.

Taxi driver: Where would you like to go?

Jenny: To the airport, please. Do you go there?

Taxi driver: Yes, I do.

Jenny: About how much will it cost?

Taxi driver: Around 50€.

Jenny: Okay. Sounds good.

Taxi driver: You're going to departures?

Jenny: Yes.

Taxi driver: International or domestic?

Jenny: International, please.

Check your Understanding

1. Where does Jenny want to go?

2. What does domestic mean for air travel?

3. Does Jenny agree with the price?

4. Is the taxi cheap or expensive?

Answers

1. She wants to go the departures area at the airport.

2. It means within the same country (not international).

3. Yes, she does.

4. We don't have enough information to know.

Jenny está hablando con un taxista para ir al aeropuerto.

Taxista: ¿Adónde quieres ir?

Jenny: Al aeropuerto, por favor. ¿Va usted allí?

Taxista: Sí, si voy.

Jenny: ¿Cuánto costará?

Taxista: Unos 50 Euros.

Jenny: De acuerdo. Suena bien.

Taxista: ¿Vas a la salida?

Jenny: Sí.

Taxista: ¿Internacional o nacional?

Jenny: Internacional, por favor.

Comprueba tu comprensión

1. ¿Adónde quiere ir Jenny?
2. ¿Qué significa "nacional" en el transporte aéreo?
3. ¿Jenny está de acuerdo con el precio?
4. ¿El taxi es barato o caro?

Respuestas

1. Ella quiere ir a la zona de salidas del aeropuerto.
2. Significa dentro del mismo país (no internacional).
3. Sí, lo está
4. No tenemos suficiente información para saberlo.

#68: Ordering a Beer

A waiter is asking Gary what he would like to drink.

Waiter: Hi, would you like something to drink?

Gary: What kind of beers do you have?

Waiter: We have a cream ale, an IPA, a sour, a lager, and a porter.

Gary: Oh, what kind of sour?

Waiter: It's a raspberry sour from Moody Ales.

Gary: Sure, I'll take a pint of that. And a glass of water as well.

Waiter: Okay, coming right up.

Gary: Thanks. I'd like to order some food when you come back.

Waiter: Sure thing.

Check your Understanding

1. What does Gary want to drink?

2. What is an IPA?

3. What does he want to eat?

4. How many kinds of beers do they have?

Answers

1. He wants a raspberry sour and a glass of water.

2. It's a kind of beer.

3. We're not sure yet.

4. They have five kinds of beer.

Un camarero le pregunta a Gary qué desea tomar.

Camarero: Hola, ¿quieres tomar algo?

Gary: ¿Qué tipo de cervezas tienen?

Camarero: Tenemos una cream ale, una IPA, una amarga, una lager y una porter.

Gary: Oh, ¿qué tipo de amarga?

Camarero: Es una amarga de frambuesa de Moody Ales.

Gary: Claro, tomaré una cerveza de esa. Y también un vaso de agua.

Camarero: Muy bien, ya viene.

Gary: Gracias. Me gustaría pedir algo de comida cuando vuelvas.

Camarero: Claro.

Comprueba tu comprensión

1. ¿Qué quiere Gary de beber?

2. ¿Qué es una IPA?

3. ¿Qué quiere comer?

4. ¿Cuántos tipos de cerveza tienen?

Respuestas

1. Él quiere un amarga de frambuesa y un vaso de agua.

2. Es un tipo de cerveza.

3. Todavía no estamos seguros.

4. Tienen cinco tipos de cerveza.

143

#69: Air Jordans

Tom is looking for some Air Jordans.

Tom: Excuse me. I'm looking for the Air Jordans in a size 40.

Clerk: Let me check. I'm not sure we have that size left. They're very popular. Oh, wait! You're in luck. We have them in red or black.

Tom: I'd love the black ones, please.

Clerk: Okay, I'll go get those. I'll be back in a minute.

Tom: Sure, thanks.

Check your Understanding

1. What color of shoes does Tom want?

2. Does the store have a lot of Air Jordans?

3. Do many people like Air Jordans?

4. Does the store have the size that Tom needs?

Answers

1. He wants to get the black shoes.

2. No, they don't.

3. Yes, they are a popular shoe.

4. Yes, they do.

Tom está buscando unos Air Jordan.

Tom: Disculpa. Estoy buscando los Air Jordan en talla 40.

Empleado: Déjame revisar. No estoy seguro de que nos quede esa talla. Son muy populares. ¡Oh, espera! Tienes suerte. Los tenemos en rojo o negro.

Tom: Me encantarían los negros, por favor.

Empleado: Está bien, iré por ellos. Vuelvo en un minuto.

Tom: Claro, gracias.

Comprueba tu comprensión

1. ¿Qué color de zapatos quiere Tom?

2. ¿La tienda tiene muchos Air Jordan?

3. ¿A mucha gente le gustan los Air Jordan?

4. ¿La tienda tiene la talla que Tom necesita?

Respuestas

1. Él quiere conseguir los zapatos negros.

2. No, no los tienen.

3. Sí, son unos zapatos muy populares.

4. Sí, las tienen

#70: At the Market

Kerry and Tracy are at the farmer's market.

Kerry: Look how nice these tomatoes are. Should we get some?

Tracy: Sure. Let's make bruschetta tonight for dinner.

Kerry: Perfect. Then we'll need some garlic and basil too. And fresh bread.

Tracy: Definitely. Let's get some fruit for lunches. Maybe some peaches or grapes?

Kerry: Okay. I also want to check out those cookies and cakes over there.

Tracy: There are so many good things here! I'm happy we decided to come.

Kerry: Me too. Look! Homemade vegan samosas. Let's pick up a few of those for tomorrow.

Tracy: Perfect. I hope we have enough bags to carry all of this stuff!

Check Your Understanding

1. What are Tracy and Kerry making for dinner tonight?

2. Why are they getting fruit?

3. What kind of samosas are they buying?

Answers

1. They are going to make bruschetta for dinner.

2. They are getting fruit for their lunches.

3. They are buying vegan samosas.

Kerry y Tracy están en el mercado agrícola.

Kerry: Mira qué bonitos están estos tomates. ¿Compramos algunos?

Tracy: Claro. Hagamos bruschetta para cenar esta noche.

Kerry: Perfecto. Entonces también necesitaremos ajo y albahaca. Y pan fresco.

Tracy: Definitivamente. Consigamos algo de fruta para los almuerzos. ¿Quizás melocotones o uvas?

Kerry: Ok. También quiero ver esas galletas y pasteles de allí.

Tracy: ¡Hay tantas cosas buenas aquí! Me alegro de que hayamos decidido venir.

Kerry: Yo también. ¡Mira! Samosas veganas caseras. Escojamos unas cuantas para mañana.

Tracy: Perfecto. ¡Espero que tengamos suficientes bolsas para llevar todas estas cosas!

Comprueba tu comprensión

1. ¿Qué van a preparar Tracy y Kerry para cenar esta noche?

2. ¿Por qué van a comprar fruta?

3. ¿Qué tipo de samosas van a comprar?

Respuestas

1. Van a hacer bruschetta para cenar.

2. Van a comprar fruta para el almuerzo.

3. Van a comprar samosas veganas.

#71: Getting a Haircut

Matt is getting his hair cut.

Jim: What kind of style would you like?

Matt: The same as now. Just shorter.

Jim: Okay, so shaved on the sides and then a bit longer up top?

Matt: Yes, exactly.

Jim: How long on top?

Matt: Not that long. Less than an inch.

Check Your Understanding

1. Who is getting their hair cut?

2. Is Matt going to change his hair?

3. How does Matt like his hair?

Answers

1. Matt is getting a haircut.

2. No, he's getting the same style.

3. He likes it shaved on the sides and a little bit longer on top.

Matt se está cortando el cabello.

Jim: ¿Qué estilo te gustaría?

Matt: El mismo que ahora. Solo más corto.

Jim: Ok, ¿afeitado por los lados y un poco más largo por arriba?

Matt: Sí, exactamente.

Jim: ¿Qué tan largo por arriba?

Matt: No tanto. Menos de un centímetro.

Comprueba tu comprensión

1. ¿Quién se está cortando el cabello?

2. ¿Matt se va a cambiar el cabello?

3. ¿Cómo le gusta a Matt el cabello?

Respuestas

1. Matt se va a cortar el cabello.

2. No, se va a hacer el mismo peinado.

3. Le gusta afeitado por los lados y un poco más largo por arriba.

#72: Pizza for Dinner?

Ted is talking to his husband Tony about what to eat for dinner.

Ted: Tony, what should we have for dinner?

Tony: What do we have in our fridge? Maybe a tofu stir-fry? We have lots of vegetables. I'll make that sweet & sour sauce that you like.

Ted: That doesn't sound good to me. Why don't I pick up a pizza on the way home from work?

Tony: Ted! We've already talked about how much money we spend on eating out and take out. I'll make the stir-fry!

Ted: Fine, let's cook tonight. You're right.

Check your Understanding

1. Do Ted and Tony often cook at home?

2. What does Ted want for dinner tonight?

3. What are they going to eat?

4. Who likes sweet & sour sauce?

Answers

1. Probably not. They often go out, or get take out food.

2. He wants pizza.

3. They'll make a tofu and vegetable stir-fry at home.

4. They both seem to like sweet & sour sauce.

Ted está hablando con su esposo Tony sobre qué cenar.

Ted: Tony, ¿qué deberíamos cenar?

Tony: ¿Qué tenemos en la nevera? ¿Quizá un sofrito de tofu? Tenemos muchas verduras. Haré la salsa agridulce que te gusta.

Ted: Eso no me suena bien. ¿Por qué no busco una pizza de camino a casa desde el trabajo?

Tony: ¡Ted! Ya hemos hablado de cuánto dinero gastamos en comer fuera y en comida para llevar. ¡Yo haré el salteado!

Ted: Bien, cocinemos esta noche. Tienes razón.

Comprueba tu comprensión

1. ¿Ted y Tony cocinan en casa a menudo?
2. ¿Qué quiere Ted para cenar esta noche?
3. ¿Qué van a comer?
4. ¿A quién le gusta la salsa agridulce?

Respuestas

1. Probablemente no. Suelen salir o pedir comida para llevar.
2. Él quiere pizza.
3. Harán un salteado de tofu y verduras en casa.
4. Parece que a los dos les gusta la salsa agridulce.

#73: Every Winter

Katie and Kim are talking about the first snow of the year.

Katie: Did you hear that it's going to snow tomorrow evening?

Kim: Really? That seems earlier than normal. I was hoping it wouldn't happen until next month.

Katie: I don't think so. Doesn't it always happen around Halloween every year?

Kim: You're right I guess. Every winter, I'm always happy on the first day of snow, but then I hate it!

Katie: I don't mind. The kids love making snowmen and sledding. They spend more time outside when there's lots of snow.

Check your Understanding

1. Who hates the snow?

2. Why does Katie not mind the snow?

3. When does it usually snow where they live?

4. What are some things that kids go do outside in the snow?

Answers

1. Kim hates the snow.

2. She doesn't mind it because her kids have fun playing in the snow.

3. It usually snows at the end of October.

4. Kids can make snowmen or go sledding when there's snow.

Katie y Kim hablan de la primera nevada del año.

Katie: ¿Has escuchado que va a nevar mañana por la noche?

Kim: ¿En serio? Eso parece más temprano de lo normal. Esperaba que no ocurriera hasta el mes que viene.

Katie: No lo creo. ¿Todos los años no pasa siempre alrededor de Halloween?

Kim: Supongo que tienes razón. Cada invierno, siempre estoy feliz el primer día de nieve, ¡pero luego la odio!

Katie: A mí no me importa. A los niños les encanta hacer muñecos de nieve y montar en trineo. Pasan más tiempo fuera cuando hay mucha nieve.

Comprueba tu comprensión

1. ¿Quién odia la nieve?

2. ¿Por qué a Katie no le molesta la nieve?

3. ¿Cuándo suele nevar donde viven?

4. ¿Qué cosas pueden hacer los niños en la nieve?

Respuestas

1. Kim odia la nieve.

2. No le molesta porque sus hijos se divierten jugando en la nieve.

3. Suele nevar a finales de octubre.

4. Los niños pueden hacer muñecos de nieve o ir en trineo cuando hay nieve.

#74: Requests at a Restaurant

Tim is asking his waitress for some things.

Tim: Excuse me, could I please get some more ketchup for my fries?

Waitress: Sure, no problem.

Tim: Oh, and some hot sauce too.

Waitress: Okay.

Tim: Thank you! Sorry to be so annoying.

Waitress: Oh, no problem at all.

Tim: And one more thing. Could I get a couple more napkins, please? These chicken wings are messy!

Waitress: Sure, I'll bring you some more.

Check your Understanding

1. How many things does Tim need from the waitress?

2. Why does he want more napkins?

3. Is the waitress annoyed at Tim?

Answers

1. He needs three things.

2. He wants more napkins because he's eating chicken wings.

3. It doesn't seem like it. She seems very patient!

Tim le pide algunas cosas a su camarera.

Tim: Disculpa, ¿podrías darme más salsa de tomate para mis papitas?

Camarera: Claro, no hay problema.

Tim: Ah, y también un poco de salsa picante.

Camarera: Ok.

Tim: ¡Gracias! Lamento ser tan molesto.

Camarera: Oh, no hay problema en absoluto.

Tim: Y una cosa más. ¿Podrías darme un par de servilletas más, por favor? ¡Estas alitas de pollo son un desastre!

Camarera: Claro, te traeré más.

Comprueba tu comprensión

1. ¿Cuántas cosas necesita Tim de la camarera?

2. ¿Por qué quiere más servilletas?

3. ¿La camarera está enfadada con Tim?

Respuestas

1. Él necesita tres cosas.

2. Él quiere más servilletas porque está comiendo alitas de pollo.

3. No lo parece. ¡Ella parece muy paciente!

#75: A Slow Laptop

Min-Gyu is talking to Kiyo about her slow laptop.

Min-Gyu: Do you want to watch a movie?

Kiyo: Okay. We can find one on Netflix.

Min-Gyu: Sounds good.

Kiyo: Hmmm . . . why is it taking so long for my laptop to turn on?

Min-Gyu: Is this normal?

Kiyo: It usually takes 2-3 minutes.

Min-Gyu: Mine turns on in 10 seconds. How old is your laptop?

Kiyo: I don't know. Maybe eight years.

Min-Gyu: That's so old. That's why it's so slow. You should get a new one.

Kiyo: Oh, this one is fine.

Min-Gyu: Really? It's still loading. You need a new one.

Check your Understanding

1. What is the problem?

2. What do Kiyo and Min-Gyu want to do?

3. Why is the computer very slow?

4. What is Min-Gyu's advice?

Answers

1. Kiyo has an old computer that takes a long time to turn on.

2. They want to watch a movie on Netflix.

3. It's likely to be slow because it's so old.

4. His advice is to get a new computer.

Min-Gyu está hablando con Kiyo sobre la lentitud de su laptop.

Min-Gyu: ¿Quieres ver una película?

Kiyo: Está bien. Podemos encontrar una en Netflix.

Min-Gyu: Me parece bien.

Kiyo: Hmmm... ¿por qué mi laptop tarda tanto en encenderse?

Min-Gyu: ¿Es normal?

Kiyo: Suele tardar 2-3 minutos.

Min-Gyu: La mía se enciende en 10 segundos. ¿Cuántos años tiene tu laptop?

Kiyo: No lo sé. Puede que ocho años.

Min-Gyu: Eso es muy viejo. Por eso va tan lento. Deberías comprarte una nueva.

Kiyo: Oh, esta está bien.

Min-Gyu: ¿En serio? Todavía se está cargando. Necesitas una nueva.

Comprueba tu comprensión

1. ¿Cuál es el problema?

2. ¿Qué quieren hacer Kiyo y Min-Gyu?

3. ¿Por qué la laptop va tan lenta?

4. ¿Cuál es el consejo de Min-Gyu?

Respuestas

1. Kiyo tiene una laptop vieja que tarda mucho en encenderse.

2. Quieren ver una película en Netflix.

3. Es probable que vaya lenta porque es muy vieja.

4. Su consejo es que se compre una laptop nueva.

#76: School Clothes

Ben is shopping with his dad for new clothes for school.

Terry: Okay. So what's on the list you and your mom made? Let's see: 2 pairs of pants, a couple of t-shirts, a hoodie, and some running shoes?

Ben: Yes. I think that's it. Oh, maybe some socks and underwear, too. Mine are getting too small.

Terry: Sure, we'll buy four or five of each of those. Which store did you want to start at?

Ben: Uggghhh . . . I don't like shopping. Let's go to Uniqlo and we can hopefully find everything but the shoes there.

Terry: I don't like it either but let's work together to get this done as quickly as possible.

Ben: Sounds good to me.

Check Your Understanding

1. Do Ben and Terry like shopping?

2. How many pairs of pants are they buying?

3. Who needs new clothes? Why?

Answers

1. Ben and Terry do not like shopping.

2. They are buying two pairs of pants.

3. Ben needs new clothes for school.

Ben está comprando con su papá ropa nueva para el colegio.

Terry: Bien. ¿Qué hay en la lista que hicieron tu mamá y tú? Veamos: ¿2 pares de pantalones, un par de camisetas, una sudadera con capucha y unas zapatillas para correr?

Ben: Sí. Creo que eso es todo. Oh, tal vez algunos calcetines y ropa interior, también. Los míos me están quedando pequeños.

Terry: Claro, compraremos cuatro o cinco de cada uno. ¿En qué tienda querías empezar?

Ben: Uggghhh. . . No me gusta ir de compras. Vayamos a Uniqlo y con suerte allí encontraremos todo menos los zapatos.

Terry: A mí tampoco me gusta, pero trabajemos juntos para terminar lo antes posible.

Ben: Me parece bien.

Comprueba tu comprensión

1. ¿A Ben y Terry les gusta ir de compras?
2. ¿Cuántos pares de pantalones van a comprar?
3. ¿Quién necesita ropa nueva? ¿Por qué?

Respuestas

1. A Ben y a Terry no les gusta ir de compras.
2. Van a comprar dos pares de pantalones.
3. Ben necesita ropa nueva para el colegio.

#77: At the Coffee Shop

Hye-Yun is ordering a drink.

Hye-Yun: Hi, can I please get a caramel macchiato with 3 shots of espresso?

Barista: Sure, what size would you like?

Hye-Yun: A large.

Barista: Can I have your name, please?

Hye-Yun: Hye-Yun.

Barista: Hye . . . ?

Hye-Yun: Hye-Yun: H-Y-E, Y-U-N.

Barista: Oh, okay. Sorry about that. It'll be 6.85€.

Hye-Yun: It's so expensive. Is that right?

Barista: Yes, it's an extra dollar for each espresso shot.

Hye-Yun: Oh, okay. Forget the extra shots. Thanks.

Check your Understanding

1. Why is her drink so expensive?

2. Will she get the shots?

3. Does the barista easily understand her name?

Answers

1. It's expensive because she wants extra espresso shots.

2. No, she won't.

3. No, he doesn't.

Hye-Yun está pidiendo una bebida.

Hye-Yun: Hola, ¿podría pedir un caramel macchiato con 3 shots de expreso?

Barista: Claro, ¿de qué tamaño lo quieres?

Hye-Yun: Uno grande.

Barista: ¿Puedes decirme tu nombre, por favor?

Hye-Yun: Hye-Yun.

Barista: ¿Hye...?

Hye-Yun: Hye-Yun: H-Y-E, Y-U-N.

Barista: Oh, ok. Lo siento. Serán 6,85 Euros.

Hye-Yun: Está muy caro. ¿Está correcto?

Barista: Sí, es un dólar más por cada expreso.

Hye-Yun: Oh, vale. Olvídate de los shots extra. Gracias, Hye-Yun.

Comprueba tu comprensión

1. ¿Por qué su bebida es tan cara?

2. ¿Le pondrán los chupitos?

3. ¿El barista entiende fácilmente su nombre?

Respuestas

1. Es cara porque quiere un extra de shots de expreso.

2. No, no lo pondrán.

3. No, no lo entiende.

#78: Moving

Amy is asking Zeke for help with moving.

Amy: Hey Zeke, you have a truck, right? Can you help me move next weekend? I can pay you 100€.

Zeke: I do have a truck, and I can also help you move.

Amy: Thank you.

Zeke: But, you don't have to pay me. That's what friends are for, right?

Amy: Zeke! You are so kind.

Zeke: No problem.

Amy: Okay. Well, we'll get some pizza and beer afterwards. My treat.

Zeke: That sounds great.

Check your Understanding

1. What is Amy doing next weekend?
2. Why does she want Zeke to help her?
3. Is Amy going to pay Zeke?

Answers

1. She is moving.
2. She wants him to help her because he has a truck.
3. No, but they're going to get some pizza and beer afterwards.

Amy le pide ayuda a Zeke con la mudanza.

Amy: Hey Zeke, tienes un camión, ¿verdad? ¿Puedes ayudarme a mudarme el próximo fin de semana? Puedo pagarte 100 Euros.

Zeke: Sí, tengo un camión, y también puedo ayudarte con la mudanza.

Amy: Gracias.

Zeke: Pero no tienes que pagarme. Para eso están los amigos, ¿no?

Amy: ¡Zeke! Eres muy amable.

Zeke: No hay problema.

Amy: De acuerdo. Bueno, después iremos por pizza y cerveza. Yo invito.

Zeke: Eso suena genial.

Comprueba tu comprensión

1. ¿Qué hará Amy el próximo fin de semana?
2. ¿Por qué quiere que Zeke la ayude?
3. ¿Amy le pagará a Zeke?

Respuestas

1. Ella se va a mudar.
2. Ella quiere que él la ayude porque tiene un camión.
3. No, pero después van a comer pizza y cerveza.

#79: Asking for Money

Steve is asking his Dad for some money.

Steve: Dad, I need 20€.

Dad: Why? Didn't you just get a lot of money for your birthday?

Steve: I spent all that money.

Dad: So, what do you need it for?

Steve: Everyone is going out for lunch today.

Dad: You can bring lunch from home. Everything in the fridge is free for you! I won't make you pay for it.

Steve: So, will you give me the money?

Dad: No. I don't eat out every day. And I'm the one with a job.

Steve: Daaaaaaadddd! It's so unfair.

Dad: Have you thought about getting a part-time job?

Check your Understanding

1. Why does Steve want money?

2. Is Steve good at saving money?

3. Is Steve's dad going to give him the money?

4. What does his dad suggest having for lunch?

Answers

1. He wants to go out for lunch with his friends.

2. No, he isn't.

3. No, he isn't.

4. He suggests getting some food from the fridge.

Steve le pide dinero a su papá.

Steve: Papá, necesito 20 Euros.

Papá: ¿Por qué? ¿No te acaban de dar mucho dinero por tu cumpleaños?

Steve: Me gasté todo ese dinero.

Papá: Entonces, ¿para qué lo necesitas?

Steve: Todo el mundo va a salir a comer hoy.

Papá: Puedes llevar la comida de casa. ¡Todo lo que hay en la nevera es gratis para ti!

No te haré pagar por eso.

Steve: Entonces, ¿me das el dinero?

Papá: No. No como fuera todos los días. Y yo soy el que tiene un trabajo.

Steve: ¡Papáááá! Es tan injusto.

Papá: ¿Has pensado en buscarte un trabajo a tiempo parcial?

Comprueba tu comprensión

1. ¿Por qué Steve quiere dinero?
2. ¿Steve es bueno ahorrando dinero?
3. ¿El padre de Steve le dará el dinero?
4. ¿Qué le sugiere su padre para comer?

Respuestas

1. Quiere salir a comer con sus amigos.
2. No, no lo es.
3. No, no le dará
4. Sugiere tomar algo de comida de la nevera.

#80: Window-Shopping

Tina and Mary are doing some window-shopping.

Tina: Ohhh . . . look at those nice sweaters. They're so beautiful.

Mary: Do you want to go in and check them out?

Tina: Hmmm. I said that I wouldn't spend any money today.

Mary: Come on, let's just go see. It can't hurt.

Tina: Okay, you're right. But don't let me get my credit card out!

Mary: I'll do my best, but I make no promises. I know how crazy you get when you like something!

Tina: You know me so well.

Check Your Understanding

1. Are Tina and Mary planning on spending money?

2. What catches Tina's eye?

3. If Tina buys something, how would she pay for it?

Answers

1. No, they aren't planning on spending money.

2. Tina sees a sweater that she likes.

3. She would pay with a credit card.

Tina y Mary están mirando vitrinas.

Tina: Ohhh... mira qué suéteres tan bonitos. Son hermosos.

Mary: ¿Quieres entrar a verlos?

Tina: Hmmm. Dije que hoy no gastaría dinero.

María: Venga, vamos a ver. No puede hacer daño.

Tina: Ok, tienes razón. ¡Pero no me dejes sacar la tarjeta de crédito!

María: Haré lo que pueda, pero no prometo nada. ¡Sé lo loca que te pones cuando te gusta algo!

Tina: Me conoces muy bien.

Comprueba tu comprensión

1. ¿Tina y Mary piensan gastar dinero?
2. ¿Qué le llama la atención a Tina?
3. Si Tina compra algo, ¿cómo lo pagaría?

Respuestas

1. No, no piensan gastar dinero.
2. Tina ve un suéter que le gusta.
3. Ella pagaría con tarjeta de crédito.

#81: Walking the Dog

Trina sees her neighbor Bob when walking her dog.

Trina: Hey Bob! How are you?

Bob: Pretty good. I don't remember you having a dog.

Trina: We just got Riley last week.

Bob: Nice. Where did you get her?

Trina: At the shelter. I let the kids pick her out. She was super friendly and good with the kids.

Bob: How's it going at your house?

Trina: Well, Riley ruined our couch, and has eaten three shoes already. But, she's so funny and cute. I love her so much already.

Bob: Sounds like exciting times at your place. Good luck!

Check your Understanding

1. Who is Riley?

2. Where did Trina get Riley?

3. What are the positives and negatives about Riley?

4. When did Trina get Riley?

Answers

1. Riley is Trina's dog.

2. She got her at the animal shelter (a place for animals without homes)

3. Riley is funny, cute, and friendly. However, she likes to eat things like the couch or shoes.

4. She got her last week.

Trina ve a su vecino Bob cuando pasea a su perro.

Trina: ¡Hola Bob! ¿Cómo estás?

Bob: Bastante bien. No recuerdo que tuvieras perro.

Trina: Apenas tenemos a Riley de la semana pasada.

Bob: Bien. ¿Dónde la obtuvieron?

Trina: En el refugio. Dejé que los niños la eligieran. Era muy simpática y buena con los niños.

Bob: ¿Cómo te va en tu casa?

Trina: Bueno, Riley arruinó nuestro sofá, y ya se ha comido tres zapatos. Pero, ella es tan divertida y linda. Ya la quiero mucho.

Bob: Suena a tiempos emocionantes en tu casa. ¡Mucha suerte!

Comprueba tu comprensión

1. ¿Quién es Riley?
2. ¿De dónde sacó Trina a Riley?
3. ¿Cuáles son los aspectos positivos y negativos de Riley?
4. ¿Cuándo obtuvo Trina a Riley?

Respuestas

1. Riley es el perro de Trina.
2. La consiguió en el refugio de animales (un lugar para animales sin hogar)
3. Riley es divertida, tierna y simpática. Sin embargo, le gusta comerse cosas como el sofá o los zapatos.
4. La obtuvo la semana pasada.

#82: Buying a New Computer

Keith is shopping for a new computer.

Clerk: Do you need any help finding something?

Keith: I'm looking for a new laptop, but I'm kind of overwhelmed with all the choices.

Clerk: Sure, I can help you out. What did you need it for?

Keith: Basic stuff. Watching Netflix. Online banking. Email and Facebook. Those kinds of things.

Clerk: Sure, we have some cheaper computers that'll be perfect for that. Don't waste your money on these high-end gaming computers.

Keith: That sounds great to me. I hate computer games.

Clerk: Okay. Let's take a look at some of them.

Check Your Understanding

1. Does Keith like to play computer games?
2. Is Keith going to buy a cheap or expensive computer?
3. Why doesn't Keith need an expensive computer?
4. Why does Keith feel overwhelmed?

Answers

1. Keith does not like computer games.
2. He is going to buy a cheaper computer.
3. He doesn't need an expensive computer because he's only using it for basic things.
4. He feels overwhelmed because there are so many choices at the store.

Keith va a comprar una nueva computadora.

Empleado: ¿Necesitas ayuda para encontrar algo?

Keith: Estoy buscando una nueva laptop, pero estoy un poco abrumado con todas las opciones.

Empleado: Claro, puedo ayudarte. ¿Para qué la necesitas?

Keith: Cosas básicas. Ver Netflix. Banca online. Correo electrónico y Facebook. Ese tipo de cosas.

Empleado: Claro, tenemos algunas computadoras más baratas que serán perfectas para eso. No malgastes tu dinero en estos ordenadores de alta gama para juegos.

Keith: Eso me parece genial. Odio los juegos de computadora.

Empleado: Ok. Echemos un vistazo a algunas de ellas.

Comprueba tu comprensión

1. ¿A Keith le gustan los juegos de computadora?
2. ¿Keith va a comprar una computadora barata o cara?
3. ¿Por qué Keith no necesita una computadora cara?
4. ¿Por qué Keith se siente abrumado?

Respuestas

1. A Keith no le gustan los juegos de computadora.
2. Él va a comprar una computadora más barata.
3. No necesita una computadora cara porque sólo la usa para cosas básicas.
4. Se siente abrumado porque hay muchas opciones en la tienda.

#83: A New Car

Sam is talking to his friend Ed about his new car.

Sam: Ed! Is that your car? It's so nice!

Ed: It's mine. I bought it last week.

Sam: Really? Awesome! It looks great. Can we go out for a ride?

Ed: Yeah, sure. Why don't we head down to the beach this weekend?

Sam: Sure. I'd love to.

Ed: I'll pick you up on Sunday around 1:00?

Sam: Awesome.

Check your Understanding

1. Does Ed have a nice car?

2. Are Ed and Sam going to hang out this weekend?

3. When are they going to the beach?

Answers

1. Yes, he does.

2. Yes, they are. They are going to the beach.

3. They're going on Sunday around 1:00.

Sam está hablando con su amigo Ed sobre su nuevo auto.

Sam: ¡Ed! ¿Es ese tu auto? ¡Es tan bonito!

Ed: Es mío. Lo compré la semana pasada.

Sam: ¿En serio? ¡Increíble! Se ve muy bien. ¿Podemos dar una vuelta?

Ed: Sí, claro. ¿Por qué no vamos a la playa este fin de semana?

Sam: Claro, me encantaría.

Ed: ¿Te recojo el domingo sobre la una?

Sam: Estupendo.

Comprueba tu comprensión

1. ¿Ed tiene un bonito auto?
2. ¿Ed y Sam van a salir este fin de semana?
3. ¿Cuándo van a ir a la playa?

Respuestas

1. Sí, lo tiene
2. Sí, lo harán. Van a ir a la playa.
3. Van el domingo sobre la una.

#84: The WiFi Isn't Working

Tim is talking to the hotel clerk about a problem with the WiFi.

Tim: The WiFi doesn't seem to be working in my room.

Hotel clerk: Okay, were you able to connect at all?

Tim: No, I couldn't figure out the network and password.

Hotel clerk: Do you have your phone or computer here? I can give it a try.

Tim: Sure, thank you.

Hotel clerk: Okay, you should be good to go now.

Tim: Thank you. What did you do?

Hotel clerk: It's a zero, not an "O." That's the mistake most people make.

Check your Understanding

1. Why couldn't Tim connect to the WiFi?

2. Do a lot of people get the password wrong?

3. Did Tim eventually connect to the WiFi?

Answers

1. He couldn't connect because he got the password wrong.

2. Yes, they do.

3. Yes, he did.

Tim está hablando con el recepcionista del hotel sobre un problema con el WiFi.

Tim: Parece que el WiFi no funciona en mi habitación.

Recepcionista del hotel: Ok, ¿Pudiste conectarte?

Tim: No, no pude averiguar la red ni la contraseña.

Recepcionista del hotel: ¿Tienes tu teléfono o computadora aquí? Puedo intentarlo.

Tim: Claro, gracias.

Recepcionista del hotel: Ok, ya debería estar listo

Tim: Gracias. ¿Qué has hecho?

Recepcionista del hotel: Es un cero, no una "O". Ese es el error que la mayoría de la gente comete

Comprueba tu comprensión

1. ¿Por qué Tim no pudo conectarse al WiFi?
2. ¿Mucha gente se equivoca con la contraseña?
3. ¿Tim terminó conectándose al WiFi?

Respuestas

1. No pudo conectarse porque se equivocó con la contraseña.
2. Sí, se equivocan.
3. Sí, se conectó.

#85: Talking about the News

Tim and Mary are talking about what they saw on the news last night.

Tim: Did you hear about the big hurricane that hit South Carolina last night?

Mary: So crazy, right? I heard the winds were almost 200 km/h.

Tim: Of course the power went out, but I hope everyone was prepared for it.

Mary: I think they get hurricanes there every year. They must know what to do, right?

Tim: I hope so. I haven't heard how many people died yet.

Mary: I hope it turns out okay for everyone.

Tim: Me too. I hate to see stuff like that on the news.

Check Your Understanding

1. What kind of natural disaster are they talking about?

2. Where was the hurricane? Is that where they're living?

3. How strong was the wind?

Answers

1. They are talking about a hurricane.

2. The hurricane was in South Carolina. They are not living there.

3. The wind was very strong (200 km/h).

Tim y Mary hablan de lo que vieron anoche en las noticias.

Tim: ¿Escuchaste del gran huracán que azotó anoche a Carolina del Sur?

Mary: Qué locura, ¿verdad? Escuché que los vientos eran de casi 200 km/h.

Tim: Por eso se fue la luz, pero espero que todo el mundo estuviera preparado para eso.

Mary: Creo que allí tienen huracanes todos los años. Deben saber qué hacer, ¿no?

Tim: Eso espero. No he escuchado cuánta gente murió.

María: Espero que todo salga bien para todos.

Tim: Yo también. Odio ver cosas así en las noticias.

Comprueba tu comprensión

1. ¿Qué clase de desastre natural están hablando?

2. ¿Dónde fue el huracán? ¿Es allí donde están viviendo?

3. ¿Qué tan fuerte era el viento?

Respuestas

1. Ellos están hablando de un huracán.

2. El huracán ocurrió en Carolina del Sur. Ellos no viven allí.

3. El viento era muy fuerte (200 km/h).

#86: Going to the Beach

Tanya and Shannon are talking about going to the beach the next day.

Tanya: Shannon, I checked the forecast. 28 degrees and sunny. Let's go to the beach tomorrow.

Shannon: Really? Yeah, let's go!

Tanya: Should we go to Majorca?

Shannon: Yeah, that's a nice place. Parking is difficult though. Should we go at 4:00 when all the families have left?

Tanya: Definitely. We can catch the sunset.

Shannon: Why don't I pick you up at 3:30?

Tanya: See you then.

Check your Understanding

1. What are they going to do tomorrow?
2. Why are they going at 4:00?
3. Who is driving?
4. How long will it take to get to the beach?

Answers

1. They will go to the beach.
2. Because parking will be too difficult earlier in the day.
3. Shannon is driving.
4. It's unclear, but it might take around 30 minutes.

Tanya y Shannon están hablando de ir a la playa al día siguiente.

Tanya: Shannon, revisé el pronóstico. 28 grados y soleado. Vamos a la playa mañana.

Shannon: ¿En serio? Sí, ¡vamos!

Tanya: ¿Vamos a Mallorca?

Shannon: Sí, es un bonito lugar. Aunque es difícil aparcar. ¿Deberíamos ir a las 4:00 cuando todas las familias se hayan ido?

Tanya: Definitivamente. Podemos ver la puesta de sol.

Shannon: ¿Por qué no te recojo a las 3:30?

Tanya: Nos vemos entonces.

Comprueba tu comprensión

1. ¿Qué van a hacer mañana?

2. ¿Por qué van a ir a las 4:00?

3. ¿Quién conduce?

4. ¿Cuánto tardarán en llegar a la playa?

Respuestas

1. Ellas irán a la playa.

2. Porque aparcar será muy difícil a primera hora del día.

3. Shannon va a conducir.

4. No está claro, pero podrían tardar unos 30 minutos.

#87: Hanging out With My Boyfriend

Sammy and Allan are talking about their weekend plans.

Sammy: What are you up to this weekend?

Allan: Oh, not much. I might spend some time getting the garden ready. It's that time of year, right?

Sammy: It is for sure. The days are getting longer.

Allan: What are you up to?

Sammy: Oh, not much. Just hanging out with my boyfriend. We just moved in together so have all kinds of stuff to organize and tidy up.

Allan: Oh, that's exciting. When did that happen?

Sammy: Last weekend.

Check Your Understanding

1. When did Sammy move in with her boyfriend?
2. What is Allan going to do this weekend?
3. What is Sammy going to do this weekend?
4. Why are the days getting longer?

Answers

1. They moved in together last weekend.
2. He is going to do some work in his garden.
3. She is going to hang out, organize, and tidy up.
4. The days are getting longer because it's spring.

Sammy y Allan hablan de sus planes para el fin de semana.

Sammy: ¿Qué vas a hacer este fin de semana?

Allan: Oh, no mucho. Puede que pase un tiempo preparando el jardín. Es esa época del año, ¿verdad?

Sammy: Seguro que sí. Los días son cada vez más largos.

Allan: ¿Qué vas a hacer?

Sammy: Oh, no mucho. Solo pasar el rato con mi novio. Nos acabamos de mudar juntos, así que tenemos muchas cosas que organizar y ordenar.

Allan: Oh, qué emocionante. ¿Cuándo pasó?

Sammy: El fin de semana pasado.

Comprueba tu comprensión

1. ¿Cuándo se mudó Sammy con su novio?

2. ¿Qué va a hacer Allan este fin de semana?

3. ¿Qué va a hacer Sammy este fin de semana?

4. ¿Por qué los días son cada vez más largos?

Respuestas

1. Se mudaron juntos el fin de semana pasado.

2. Él va a hacer algunos trabajos en su jardín.

3. Ella va a pasar el rato, organizar y ordenar.

4. Los días son cada vez más largos porque es primavera.

#88: Please Stay Home!

Angela is talking to her boss Ashley about being sick.

Angela: Bad news, Ashley. I'm not feeling great. But I'm thinking about coming in still. I'm worried about that report we need to finish.

Ashley: Please stay home! I don't want everyone else to get sick too. We'll finish that report. I can stay late if I have to tonight.

Angela: Are you sure?

Ashley: Yes. We only want to see you back when you're in good health. You also have 10 sick days left this year. Don't worry about using them.

Angela: Okay. I'll keep you updated.

Check your Understanding

1. Why does Angela want to come to work even though she's sick?
2. Why doesn't Ashley want Angela to come to work?
3. How many days off will Angela take?

Answers

1. She wants to come in to finish a report.
2. She doesn't want everyone else at work to get sick as well.
3. We're not sure.

Angela está hablando con su jefa Ashley sobre estar enferma.

Angela: Malas noticias, Ashley. No me encuentro muy bien. Pero aún estoy pensando en ir. Estoy preocupada por ese informe que tenemos que terminar.

Ashley: ¡Por favor, quédate en casa! No quiero que los demás también se enfermen. Terminaremos ese informe. Puedo quedarme hasta tarde esta noche si hace falta.

Angela: ¿Estás segura?

Ashley: Sí. Sólo queremos que vuelvas cuando estés bien de salud. También te quedan 10 días por enfermedad este año. No te preocupes por utilizarlos.

Angela: Está bien. Te mantendré informada.

Comprueba tu comprensión

1. ¿Por qué Angela quiere ir a trabajar a pesar de estar enferma?
2. ¿Por qué Ashley no quiere que Ángela vaya a trabajar?
3. ¿Cuántos días de vacaciones se tomará Ángela?

Respuestas

1. Ella quiere ir para terminar un informe.
2. No quiere que los demás en el trabajo también se enfermen.
3. No estamos seguros.

#89: Summer Vacation

Kerry and Tim are talking about a plan to visit France.

Kerry: What's up with you these days? I feel like we haven't talked in a long time.

Tim: I'm studying French these days, getting ready for my trip to France next year. I've wanted to go for years, and it's finally happening.

Kerry: Oh wow. When are you going?

Tim: During summer vacation. The entire two months that the kids are off of school. It feels like it's never going to get here.

Kerry: Oh, it'll be here soon. I went there last year. It's lovely in the summer. You'll have the best time!

Check your Understanding

1. Why is Tim studying French?
2. How long will Tim's vacation be?
3. Are his kids coming on vacation with him?
4. Has Kerry been to France?

Answers

1. He's studying French because he's going to France.
2. It will be two months long.
3. Likely yes.
4. Yes, he has.

Kerry y Tim hablan de un plan para visitar Francia.

Kerry: ¿Qué pasa contigo estos días? Hace mucho que no hablamos.

Tim: Estoy estudiando francés y preparándome para viajar a Francia el año que viene. Llevo años queriendo ir, y por fin va a ser posible.

Kerry: Oh wow. ¿Cuándo te vas?

Tim: Durante las vacaciones de verano. Los dos meses que los niños están fuera de la escuela. Parece que nunca va a llegar.

Kerry: Oh, va a estar aquí pronto. Fui allí el año pasado. Es precioso en verano. ¡La pasarás genial!

Comprueba tu comprensión

1. ¿Por qué Tim está estudiando Frances?
2. ¿Cuánto durarán las vacaciones de Tim?
3. ¿Sus hijos irán de vacaciones con él?
4. ¿Kerry ha estado en Francia?

Respuestas

1. Está estudiando francés porque va a ir a Francia.
2. Durará dos meses.
3. Es probable que sí.
4. Sí, lo ha estado.

#90: Making a Reservation

Lucy is making a reservation for her wife's birthday party.

Waitress: Hi, Luciano's. How can I help you?

Lucy: I'd like to make a reservation for next Tuesday at 6:00, please.

Waitress: Okay. For how many people?

Lucy: I think between 8 and 10 people. Can I let you know on Tuesday morning?

Waitress: Okay. Give us a call in the afternoon. We'll save a table for 10 people.

Waitress: Do you prefer inside, or on our patio?

Lucy: Oh, patio for sure. That sounds great.

Waitress: Okay. What's your phone number?

Lucy: It's 123-456-7890.

Check your Understanding

1. How many people will have dinner?

2. Why does she have to call the restaurant next Tuesday?

3. Does Lucy want to sit inside or outside?

Answers

1. Lucy isn't sure. Maybe 8-10.

2. To let them know exactly how many people are coming.

3. She wants to sit outside.

Lucy está haciendo una reserva para la fiesta de cumpleaños de su esposa.

Camarera: Hola, Luciano's. ¿En qué puedo ayudarte?

Lucy: Me gustaría hacer una reserva para el próximo martes a las 6:00, por favor.

Camarera: De acuerdo. ¿Para cuántas personas?

Lucy: Creo que entre 8 y 10 personas. ¿Puedo avisarte el martes por la mañana?

Camarera: De acuerdo. Llámenos por la tarde. Reservaremos una mesa para 10 personas.

Camarera: ¿Prefiere dentro o en nuestro patio?

Lucy: Oh, patio seguro. Me parece estupendo.

Camarera: De acuerdo. ¿Cuál es tu número de teléfono?

Lucy: Es 123-456-7890.

Comprueba tu comprensión

1. ¿Cuántas personas cenarán?

2. ¿Por qué tiene que llamar al restaurante el próximo martes?

3. ¿Lucy quiere sentarse dentro o fuera?

Respuestas

1. Lucy no está segura. Puede que entre 8 y 10.

2. Para hacerles saber exactamente cuántas personas van a ir.

3. Quiere sentarse fuera.

#91: At a Baseball Game

John and Mel are chatting during a baseball game.

John: Did you see that hit?

Mel: Wait. What happened? I was checking my emails!

John: They might show it on the screen again. Alex Garcia took a super low pitch and popped it right over the head of the second baseman.

Mel: Ahhh. I always miss the action.

John: Well, put your phone away my friend! Haha.

Mel: You're right. It's a terrible habit.

Check Your Understanding

1. Why didn't Mel see the hit?
2. What is Mel's terrible habit?
3. Who hit the ball?

Answers

1. He didn't see it because he was checking his emails.
2. His terrible habit is that he's always on his phone.
3. Alex Garcia hit the ball.

John y Mel están charlando durante un partido de béisbol.

John: ¿Viste ese hit?

Mel: Espera. ¿Qué pasó? ¡Estaba mirando mis correos electrónicos!

John: Puede que lo vuelvan a poner en la pantalla. Alex García tomó un lanzamiento super bajo y lo hizo saltar por encima de la cabeza del de segunda base.

Mel: Ahhh. Siempre me pierdo la acción.

John: ¡Bueno, guarda tu teléfono amigo! Jaja.

Mel: Tienes razón. Es un hábito terrible.

Comprueba tu comprensión

1. ¿Por qué Mel no vio el hit?
2. ¿Cuál es la terrible costumbre de Mel?
3. ¿Quién golpeó la pelota?

Respuestas

1. No lo vio porque estaba revisando sus correos electrónicos.
2. Su terrible costumbre es que siempre está con el móvil.
3. Alex García golpeó la pelota.

#92: What to Eat at the Baseball Game

Tommy and Alex are talking about snacks.

Tommy: Hey, I'm going to go to the bathroom. Would you like me to grab you something?

Alex: Sure, I'd love another beer, please. Oh, and one of those big pretzels too. And a bottle of water. I'm so thirsty. Can you carry it all?

Tommy: No problem. They give you a box if you have lots of stuff.

Alex: Oh, let me grab you some money. Here's 20€. I think that should be enough.

Tommy: I'll let you know. It should be good.

Alex: Awesome. Thank you.

Check Your Understanding

1. What does Alex want to eat and drink?

2. Why is Tommy getting the snacks?

3. How much money did Alex give Tommy?

4. How can Tommy carry everything?

Answers

1. Alex wants a beer, pretzel, and bottle of water.

2. He's getting the snacks because he's also going to the bathroom.

3. He gave him 20€.

4. He can use a box to carry everything

Tommy y Alex están hablando de bocadillos.

Tommy: Oye, voy a ir al baño. ¿Quieres que te traiga algo?

Alex: Claro, me encantaría otra cerveza, por favor. Ah, y uno de esos pretzels grandes

también. Y una botella de agua. Tengo mucha sed. ¿Puedes traerlo todo?

Tommy: No hay problema. Te dan una caja si llevas muchas cosas.

Alex: Oh, déjame darte algo de dinero. Aquí tienes 20 Euros. Creo que será suficiente.

Tommy: Te lo haré saber. Debería estar bien.

Alex: Impresionante. Gracias.

Comprueba tu comprensión

1. ¿Qué quiere Alex de comer y beber?

2. ¿Por qué Tommy va por los bocadillos?

3. ¿Cuánto dinero le dio Alex a Tommy?

4. ¿Cómo puede Tommy cargar todo?

Respuestas

1. Alex quiere una cerveza, un pretzel y una botella de agua.

2. Va a ir por los bocadillos porque también va al baño.

3. Le dio 20 Euros.

4. Puede usar una caja para cargar todo.

#93: Making an Appointment

Tom is making an appointment with his doctor on the phone.

Tom: Can I make an appointment for tomorrow, please?

Jenny: Sure, with which doctor?

Tom: Dr. Brown.

Jenny: We have no appointments for tomorrow, but how about Wednesday?

Tom: That's fine.

Jenny: 10:30 or 2:00?

Tom: 2:00 is better.

Jenny: What are you coming in for?

Tom: I have a sore toe.

Jenny: Okay, we'll see you on Wednesday at 2:00.

Check your Understanding

1. Why does Tom want to see his doctor?

2. When is he going to see the doctor?

3. What is his preferred appointment day?

Answers

1. He wants to see his doctor because he has a sore toe.

2. He will see his doctor on Wednesday at 2:00.

3. His preferred appointment day is tomorrow (Tuesday).

Tom está concertando por teléfono una cita con su médico.

Tom: ¿Puedo hacer una cita para mañana, por favor?

Jenny: Claro, ¿con qué médico?

Tom: Dr. Brown.

Jenny: No tenemos citas para mañana, pero ¿qué tal el miércoles?

Tom: Está bien.

Jenny: ¿A las 10:30 o a las 2:00?

Tom: A las 2:00 es mejor.

Jenny: ¿Para qué viene?

Tom: Me duele un dedo del pie.

Jenny: Bien, nos vemos el miércoles a las 2:00.

Comprueba tu comprensión

1. ¿Por qué Tom quiere ver a su médico?

2. ¿Cuándo va a ver al médico?

3. ¿Cuál es su día de preferencia para la cita?

Respuestas

1. Quiere ver a su médico porque le duele un dedo del pie.

2. Verá a su médico el miércoles a las 2:00.

3. Su cita de preferencia es mañana (Martes)

#94: Which Bus?

Tod is trying to take the bus downtown.

Tod: Excuse me, do you know where I can catch the bus?

Man: Where do you want to go? There are a few bus stops.

Tod: I want to go downtown.

Man: Okay. Well, cross the street and walk for a couple of minutes towards 1st Street. You'll see it there.

Tod: Okay. Thank you. Do you know the bus number I can take?

Man: I'm not sure, but I think the 10 and the 12. Ask the bus driver.

Tod: I will. Thanks so much for your help. I appreciate it.

Man: No problem.

Check your Understanding

1. Where is Tod trying to go?

2. Does the man know which bus Tod should take?

3. Who is Tod asking for information?

Answers

1. He's trying to go downtown.

2. He thinks it's the #10 or #12, but he isn't sure.

3. It's a bit unclear, but it might just be a man on the street.

Tod intenta tomar el autobús al centro.

Tod: Disculpa, ¿Sabes dónde puedo tomar el autobús?

Hombre: ¿Adónde quieres ir? Hay varias paradas de autobús.

Tod: Quiero ir al centro.

Hombre: Ok. Pues, cruza la calle y camina un par de minutos. Allí lo verás.

Tod: Ok. Gracias. ¿Sabes qué número de autobús puedo tomar?

Hombre: No estoy seguro, pero creo que el 10 y el 12. Pregúntale al conductor del autobús.

Tod: Lo haré. Muchas gracias por tu ayuda. Te lo agradezco.

Hombre: De nada

Comprueba su comprensión

1. ¿Adónde quiere ir Tod?
2. ¿Sabe el hombre qué autobús debe tomar Tod?
3. ¿A quién le pide información Tod?

Respuestas

1. Está intentando ir al centro.
2. Cree que es el #10 o el #12, pero no está seguro.
3. Es un poco confuso, pero podría ser sólo un hombre en la calle.

#95: Playing Tennis

Andy and Baron are making a plan to play tennis on the weekend.

Andy: Do you have any free time this weekend? Let's play tennis.

Baron: Sure. I'm free on Sunday morning. Is that good for you?

Andy: It's perfect. How about 10:00 at Gates Park?

Baron: Sure, I'll meet you there.

Andy: Sounds good. And why don't we get lunch afterwards?

Baron: Good idea!

Check your Understanding

1. What are Andy and Baron going to do on the weekend?
2. When are they going to play?
3. Where are they going to meet?
4. Do you think they're playing tennis with other people?

Answers

1. They're going to play tennis and have lunch.
2. They're going to play on Sunday at 10:00.
3. They're going to meet at Gates Park.
4. It doesn't seem like it.

Andy y Baron están haciendo un plan para jugar al tenis el fin de semana.

Andy: ¿Tienes tiempo libre este fin de semana? Vamos a jugar al tenis.

Baron: Claro. Estoy libre el domingo por la mañana. ¿Está bien para ti?

Andy: Está perfecto. ¿Qué tal a las 10:00 en Gates Park?

Baron: Claro, nos vemos allí.

Andy: Me parece bien. ¿Y por qué no almorzamos después?

Baron: ¡Buena idea!

Comprueba tu comprensión

1. ¿Qué van a hacer Andy y Baron el fin de semana?
2. ¿Cuándo van a jugar?
3. ¿Dónde se van a encontrar?
4. ¿Crees que jugarán al tenis con otras personas?

Respuestas

1. Van a jugar al tenis y a comer.
2. Van a jugar el domingo a las 10:00.
3. Van a quedar en el Gates Park.
4. No lo parece.

#96: At a Fast Food Restaurant

Sara is ordering food at a fast food restaurant

Employee: Hi, what can I get you?

Sara: I'd like a cheeseburger meal, please.

Employee: Sure, what kind of drink would you like?

Sara: Do you have Pepsi?

Employee: No, just Coke.

Sara: Okay, I'll have a Sprite then.

Employee: Anything else?

Sara: Oh, no pickles on that burger, please.

Employee: Okay. That's everything?

Sara: Yes.

Employee: Is that to stay or to go?

Sara: Hmm . . . what time is it? 12:15? To go, please.

Check your Understanding

1. What doesn't Sara want to eat or drink?

2. Why is she getting her food to go?

3. What is Sara getting to eat?

Answers

1. She doesn't want Coke, or pickles on her burger.

2. Because she doesn't have that much time.

3. She's getting a cheeseburger meal with a Sprite.

Sara está pidiendo comida en un restaurante de comida rápida

Empleada: Hola, ¿Qué puedo ofrecerte?

Sara: Me gustaría una hamburguesa con queso, por favor.

Empleada: Claro, ¿Qué tipo de bebida le gustaria?

Sara: ¿Tienes Pepsi?

Empleada: No, solo Coca-Cola.

Sara: Ok, entonces tomaré una Sprite.

Empleada: ¿Algo más?

Sara: Oh, sin pepinillos en la hamburguesa, por favor.

Empleada: Ok. ¿Eso es todo?

Sara: Si.

Empleada: ¿Para comer aquí o para llevar?

Sara: Hmm… ¿Qué hora es? ¿12:15? Para llevar, por favor.

Comprueba tu comprensión

1. ¿Qué no quiere comer ni beber Sara?
2. ¿Por qué le dan la comida para llevar?
3. ¿Qué le dan de comer a Sara?

Respuestas

1. No quiere Coca-Cola, ni pepinillos en su hamburguesa.
2. Porque no tiene mucho tiempo.
3. Ella tendrá una hamburguesa con queso con una Sprite.

#97: Homework

Ben is talking to his teacher about his homework.

Teacher: Remember that your homework is due on Friday.

Ben: When on Friday?

Teacher: Please bring it to class.

Ben: Do I need to print it, or can I just email you?

Teacher: Email is fine. But you have to send it by 10:00 when class starts.

Ben: What happens if it's late?

Teacher: You'll lose 10% per day.

Check Your Understanding

1. When is the homework due?

2. Can students email the homework to the teacher?

3. What happens if the homework is late?

Answers

1. It's due by Friday at 10:00.

2. Yes, they can.

3. If it's late, the student will lose 10% per day.

Ben está hablando con su profesor sobre su tarea.

Profesora: Recuerda que el viernes tienes que entregar la tarea.

Ben: ¿El viernes cuándo?

Profesora: Por favor, tráela a clase.

Ben: ¿Tengo que imprimirla o puedo enviársela por correo electrónico?

Profesora: Por correo electrónico está bien. Pero tienes que enviarla antes de las 10:00, cuando empieza la clase.

Ben: ¿Qué pasa si llega tarde?

Profesora: Perderás un 10% por día.

Comprueba tu comprensión

1.	¿Para cuándo es la tarea?

2.	¿Los alumnos pueden enviarle la tarea a la profesora por correo electrónico?

3.	¿Qué ocurre si la tarea llega tarde?

Respuestas

1.	Hay que entregarla el viernes a las 10:00.

2.	Sí, pueden hacerlo.

3.	Si se retrasa, el alumno perderá un 10% por día.

#98: Meeting Someone New

Tim and Zeke are meeting for the first time at Sam's party.

Tim: Hi, I don't think I know you. My name is Tim.

Zeke: Nice to meet you. My name is Zeke.

Tim: So how do you know Sam?

Zeke: Well, we were co-workers at a restaurant we worked at. How about you?

Tim: Oh, I'm Sam's neighbor. I live next door.

Zeke: I see. It's a nice neighborhood. When did you move here?

Tim: Years ago. It's changed a lot, but in a good way.

Zeke: Well, nice to meet you. I'm going to get another drink.

Check your Understanding

1. How does Tim know Sam?

2. How does Zeke know Sam?

3. How does Zeke finish the conversation?

Answers

1. They are neighbors.

2. They used to be co-workers.

3. He says that he's going to get another drink.

Tim y Zeke se encuentran por primera vez en la fiesta de Sam.

Tim: Hola, creo que no te conozco. Mi nombre es Tim.

Zeke: Encantado de conocerte. Mi nombre es Zeke.

Tim: ¿Cómo conoces a Sam?

Zeke: Bueno, éramos compañeros en un restaurante en el que trabajábamos. ¿Y tú?

Tim: Oh, soy vecino de Sam. Vivo en la casa de al lado.

Zeke: Ya veo. Es un bonito vecindario. ¿Cuándo te mudaste aquí?

Tim: Hace años. Ha cambiado mucho, pero en el buen sentido.

Zeke: Bueno, encantado de conocerte. Voy por otra bebida.

Comprueba tu comprensión

1.   ¿Cómo conoce Tim a Sam?

2.   ¿Cómo conoce Zeke a Sam?

3.   ¿Cómo termina Zeke la conversación?

Respuestas

1.   Son vecinos.

2.   Antes eran compañeros de trabajo.

3.   Dice que se va a buscar otra bebida

#99: Let's Catch a Movie

Tim and Carrie are making plans for the weekend.

Tim: Hey Carrie, do you want to catch a movie this weekend?

Carrie: Honestly, I'm a little short on cash these days. How about staying in and watching a movie at my house on Friday night?

Tim: Sure, that sounds good. There's this new one that just came out on Netflix that everyone is talking about.

Carrie: Awesome! I'll make some snacks for us. Do you like sweet or salty?

Tim: I love salty food! And, I'll bring some beers.

Carrie: Perfect. Come over at 7:00 or 7:30.

Check your Understanding

1. Why aren't they going to the movie theater?

2. What kind of snacks does Tim like?

3. What will they have to drink?

4. When are they going to watch a movie?

Answers

1. They aren't going because Carrie is trying to save money.

2. He likes salty snacks.

3. They'll have some beer.

4. They'll watch the movie around 7:00 or 7:30 on Friday night.

Tim y Carrie están haciendo planes para el fin de semana.

Tim: Hola Carrie, ¿quieres ir al cine este fin de semana?

Carrie: Sinceramente, estoy un poco corta de dinero estos días. ¿Qué tal si nos quedamos en casa y vemos una película el viernes por la noche?

Tim: Claro, suena bien. Acaba de salir una nueva en Netflix de la que todo el mundo habla.

Carrie: ¡Genial! Prepararé algo para picar. ¿Te gusta lo dulce o lo salado?

Tim: ¡Me encanta la comida salada! Y llevaré algunas cervezas.

Carrie: Perfecto. Ven a las 7:00 o 7:30.

Comprueba tu comprensión

1. ¿Por qué no van al cine?

2. ¿Qué tipo de aperitivos le gustan a Tim?

3. ¿Qué van a tomar?

4. ¿Cuándo van a ver una película?

Respuestas

1. No van porque Carrie está intentando ahorrar dinero.

2. Le gustan los aperitivos salados.

3. Tomarán un poco de cerveza.

4. Verán la película sobre las 7:00 o 7:30 del viernes por la noche.

#100: Lunch Tomorrow

Barb and Cindy are making a plan to have lunch together.

Barb: Do you want to meet for lunch tomorrow?

Cindy: Sure, at noon? Where should we go?

Barb: Noon is good. I'm tired of that Italian place that we usually go to. Why don't we go to that new Mexican place?

Cindy: Okay. Can we walk? I'm not sure where it is.

Barb: No, by car. I'll drive.

Cindy: Alright. And, you'll have to tell me all about your new boyfriend.

Barb: Will do!

Check your Understanding

1. Where will they eat lunch?

2. Where do they usually eat lunch?

3. How will they get to the restaurant?

4. What does Cindy want Barb to tell her about?

Answers

1. They'll have lunch at a new Mexican restaurant.

2. They usually eat at an Italian place.

3. Barb will drive.

4. Cindy wants to hear about Barb's new boyfriend.

Barb y Cindy hacen planes para almorzar juntas.

Barb: ¿Quieres que mañana nos encontremos para comer?

Cindy: Claro, ¿al mediodía? ¿Adónde vamos?

Barb: Al mediodía está bien. Estoy cansada del sitio al que solemos ir. ¿Por qué no vamos a ese nuevo lugar mexicano?

Cindy: Vale. ¿Podemos ir caminando? No estoy segura de donde es.

Barb: No, en coche. Yo conduciré.

Cindy: De acuerdo. Y tendrás que contarme todo sobre tu nuevo novio.

Barb: ¡Lo haré!

Comprueba tu comprensión

1.   ¿Dónde almorzarán?

2.   ¿Cómo llegarán al restaurante?

3.   ¿De qué quiere Cindy que le hable Barb?

Respuestas

1.   Comerán en un nuevo restaurante mexicano.

2.   Barb conducirá.

3.   Cindy quiere oír hablar del nuevo novio de Barb.

#101: Shopping Plan

Harry and Mo are deciding on a shopping strategy at the supermarket.

Harry: What do you think? Should we divide and conquer or stick together this week?

Mo: How much stuff do we need to buy?

Harry: Not that much. Just fruit and vegetables, milk, bread and a couple of other things.

Mo: Why don't we stick together then. It won't take very long to get all this stuff.

Harry: Sure, but I get to push the cart, okay? It's my favorite!

Mo: Whatever you want! Here. You hold the list, and cross off the stuff as we buy it.

Harry: Okay. You're so bossy!

Check Your Understanding

1. Why are they doing the shopping together?

2. Who is pushing the cart?

3. Where are they shopping?

Answers

1. They are doing it together because they don't have many things to buy.

2. Harry is pushing the cart.

3. They are shopping at the supermarket.

Harry y Mo están decidiendo una estrategia de compra en el supermercado.

Harry: ¿Qué te parece? ¿Deberíamos dividirnos y conquistar o permanecer juntos esta semana?

Mo: ¿Cuántas cosas tenemos que comprar?

Harry: No mucho. Solo fruta y verdura, leche, pan y un par de cosas más.

Mo: Entonces, ¿por qué no nos mantenemos unidos? No tardaremos mucho en comprar todo esto.

Harry: Claro, pero yo llevo el carrito, ¿está bien? ¡Es mi cosa favorita!

Mo: ¡Como quieras! Toma. Ten la lista y vas tachando las cosas a medida que las compremos.

Harry: Ok. ¡Eres tan mandona!

Comprueba tu comprensión

1. ¿Por qué están haciendo la compra juntos?

2. ¿Quién empuja el carrito?

3. ¿Dónde están comprando?

Respuestas

1. La hacen juntos porque no tienen muchas cosas que comprar.

2. Harry está empujando el carrito.

3. Están comprando en el supermercado.

Before You Go

If you liked this book, please leave a review wherever you bought it! I'd really appreciate it. You may also like these books (by Jackie Bolen):

- 365 American English Idioms

- 199 Really Useful English Phrases and Expressions

- Daily Life English Expressions to Know

You can get in touch with me here. I'd love to hear from you, and please let me know if you have any questions.

- YouTube: www.youtube.com/c/jackiebolen

- Pinterest: www.pinterest.ca/eslspeaking

- Email: jb.business.online@gmail.com

Made in the USA
Columbia, SC
24 September 2024

42996678R00115